AF296319

DU PRÊT A LA GROSSE

EN DROIT ROMAIN.

DU

CONTRAT D'ASSURANCES TERRESTRES

EN DROIT FRANÇAIS

THÈSE POUR LE DOCTORAT

SOUTENUE LE 28 MARS 1868

PAR M. ALFRED GAY, Avocat

Lauréat du concours de licence 1864.

TOULOUSE

TYPOGRAPHIE DE BONNAL ET GIBRAC,

RUE SAINT-ROME, 44.

—

1868.

DU PRÊT A LA GROSSE

EN DROIT ROMAIN.

DU

CONTRAT D'ASSURANCES TERRESTRES

EN DROIT FRANÇAIS.

THÈSE POUR LE DOCTORAT

SOUTENUE LE 28 MARS 1868

PAR M. ALFRED GAY, AVOCAT

Lauréat du concours de licence (1864).

TOULOUSE

TYPOGRAPHIE DE BONNAL ET GIBRAC,

RUE SAINT-ROME, 41.

1868.

A LA MÉMOIRE DE MON PERE.

A MA MÈRE.

FACULTÉ DE DROIT DE TOULOUSE.

MM. Chauveau Adolphe ✱, doyen, *professeur de Droit admi-
nistratif.*

Delpech ✱, doyen honoraire, *professeur de Code Napoléon,
en congé.*

Rodière ✱, *professeur de Procédure civile.*

Dufour ✱, *professeur de Droit commercial.*

Molinier ✱, *professeur de Droit criminel.*

Bressolles, *professeur de Code Napoléon.*

Massol ✱, *professeur de Droit romain.*

Ginoulhiac, *professeur de Droit français,* étudié dans ses
origines féodales et coutumières.

Huc, *professeur de Code Napoléon.*

Humbert, *professeur de Droit romain.*

Rozy, agrégé, *chargé du cours d'Economie politique.*

Poubelle, agrégé, *chargé d'un cours de Code Napoléon.*

Bonfils, agrégé.

Arnaud, agrégé.

M. Darrenougué, Officier de l'Instruction publique, Secrétaire
Agent-comptable.

Président de la thèse : M. Molinier.

M. Dufour,
M. Bressolles,
M. Ginoulhiac,
M. Arnaud, agrégé.

} *Suffragants*

La Faculté n'entend approuver ni désapprouver les opinions
particulieres du candidat.

PRÉFACE.

L'assurance terrestre n'était point pratiquée, lors de la
rédaction de nos Codes : sa réglementation et ses principes
ne durent donc pas éveiller l'attention du législateur. Mais le
mouvement économique auquel ce siècle a imprimé une si
vive impulsion, a fait répandre en quelques années cette
salutaire institution qui donne au propriétaire la sécurité et
défie dans la plus large mesure les funestes effets du hasard.
La forme de l'assurance est multiple; elle couvre tous les
biens contre les divers fléaux qui les peuvent atteindre,
incendie, grêle, gelée, inondation, épizooties, faillites, accidents, etc., etc. ; elle s'étend à la vie elle-même en tant que
l'existence représente une valeur matérielle ou pécuniaire.

Des Compagnies se sont établies, leur nombre et leur
sphère d'action s'accroissent tous les jours, et on peut affirmer
qu'à cette heure, la plus modeste chaumière comme le plus
somptueux hôtel sont assurés contre les désastres du feu. Les
enseignements de l'expérience permettent de croire que
l'application de l'assurance se généralisant, s'étendra de plus
en plus à tous les autres risques dont nos intérêts matériels
sont menacés. On se convaincra de cette vérité : l'assurance
est une des manifestations, une des formules de l'épargne.

En présence de cette universelle pratique d'un contrat,
ignoré aux rédacteurs de nos Codes, en l'absence de textes,
la jurisprudence n'a pu trancher les difficultés soulevées dans
l'exécution de l'assurance que par les principes généraux du
droit civil et quelques règles spéciales du Code de commerce.
Le besoin d'une législation se ferait sentir; elle est réclamée
par des hommes versés dans la connaissance de la matière ; les
caractères particuliers et distinctifs de cette convention donnent naissance à des contradictions que seule la loi peut faire
cesser. Autant nous sommes éloignés de la monomanie des

réglementations quand une institution en est à ses premiers essais, autant elle nous semble utile et facile à accomplir, quand la pratique en a révélé les nécessités, les avantages et les inconvénients.

En attendant, les Compagnies ont fait leurs Codes sous le nom de Statuts approuvés par l'Etat; l'assuré a été exposé quelque temps à des surprises qui ne sont plus à craindre en présence, d'une part, de la bonne foi des assureurs trop souvent méconnue, d'autre part, d'une jurisprudence qui a concilié, dans la limite du droit et de l'équité, les intérêts communs. Ce sont ces principes juridiques tirés du droit lui-même, des dispositions anciennes, du Code de commerce, c'est la jurisprudence, c'est l'esprit du contrat d'assurances terrestres que nous voulons étudier. Etude intéressante, trop vaste peut-être pour les limites de ce travail! Nous la circonscrirons dans l'appréciation exclusive des obligations réciproques auxquelles ce contrat donne lieu, laissent à d'autres et plus éclairés et plus autorisés les considérations économiques que suggère cet intéressant sujet.

La jurisprudence a plus fait pour cette question que la doctrine. D'estimables auteurs cependant, tels que Grün et Joliat, Quenault, Persil, Boudousquié, Alauzet, Dalloz, Pouget nous ont servi de guide. Nous essaierons, après eux, d'exposer doctrinalement les principes de la matière, les éclairant par l'application qu'en font les Compagnies et les solutions données par les Tribunaux.

Nous avons été conduits, pour expliquer l'origine des assurances, à traiter en droit romain du *nauticum fœnus* qui en est le premier germe. C'est d'ailleurs ce que nous essayons de démontrer dans les développements contenus à la deuxième partie : *Aperçu sur l'historique et le développement du contrat d'assurance.*

INTRODUCTION.

1. Pothier définit le contrat d'assurance : « celui par lequel
» l'un des contractants se charge des cas fortuits auxquels une
» chose est exposée, et s'oblige, envers l'autre contractant, de
» l'indemniser de la perte que lui causeraient ces cas, s'ils arri-
» vaient, moyennant une somme que l'autre contractant lui donne
» ou s'oblige de lui donner, pour les risques dont il le charge »
(*Traité des Assur. marit.*).

2. Quelle est l'origine de ce contrat? Existait-il dans le droit
romain, et, s'il n'existait pas, quelle est l'institution qui s'en
rapproche et qui peut en être considérée comme le germe?

Le droit romain contient, dans ses compendieuses théories,
les principes et les dispositions les plus nombreux de notre droit
moderne, et nul plus que nous n'a de vénération et de respect
pour la science profonde et le génie supérieur des jurisconsultes
de Rome. Mais autant sont utiles et précieuses ces décisions et ces
lois, autant il y a de fruit à les consulter, si elles présentent des
rapports directs avec nos Codes, autant aussi sont stériles les
recherches de certains esprits, qui, sous prétexte d'érudition et de
sagacité, veulent y découvrir réglementées, ou tout au moins indiquées, des institutions que les besoins de la société n'avaient même
pas laissé soupçonner, et qui n'ont grandi que plus tard, sous des
influences nouvelles. Ainsi, le Code et le Digeste sont muets sur
les assurances; la chose n'y est pas plus que le mot. N'importe,
disent certains auteurs, elles étaient pratiquées, et, comme tant
d'autres coutumes, elles auraient été importées de Grèce en
Italie.

Qu'Athènes ait dû les connaître, c'est, dit-on, un fait presque·

certain. Voici comment s'exprime, à cet égard, M. Egger (1) :
« L'idée du contrat d'assurances n'était pas cependant tout-à-fait
» étrangère à quelques nations grecques, notamment aux Macé-
» doniens, qui semblent l'avoir importé en Asie, lors de la con-
» quête d'Alexandre. — Antimène, chargé par ce prince du
» gouvernement de Babylone, fut, à son arrivée, frappé d'étonne-
» ment, lorsqu'il considéra l'importance des sommes que les
» propriétaires d'esclaves dépensaient, chaque année, en rémuné-
» rations accordées à ceux qui ramenaient les esclaves fugitifs.

» Pour diminuer l'étendue de cette lourde charge, il imagina
» alors l'expédient que voici : chaque propriétaire, en payant à
» une caisse qu'il organisa, une prime de huit drachmes par tête
» d'esclave qu'il possédait, acquérait le droit de se présenter à cette
» caisse lorsqu'un de ses esclaves venait à s'enfuir, et d'y toucher
» la valeur du fugitif. N'est-ce pas là vraiment une assurance? »

S'il faut ajouter foi à l'existence de ce fait isolé, disons, avec
M. Caillemer (2), que rien de pareil n'apparaît dans les monu-
ments athéniens, parvenus jusqu'à nous. C'est pourquoi nous
devons provisoirement croire que notre contrat fut ignoré des
populations de l'Attique. L'Italie ne pouvait donc leur en emprunter ni la forme, ni l'idée.

5. Mais, qu'importe le nom de son auteur ou du pays qui l'a
vu naître, si on retrouve la trace de son existence à Rome! Et
comment expliquer autrement que par l'assurance contre l'incendie
ce passage de Martial, où il est question d'un certain Tongilien,
qui trouvait profit à voir brûler ses maisons?

> Empta domus fuerat tibi, Tongiliane, ducenis ;
> Abstulit hanc nimiùm casus in urbe frequens.
> Collatum est decies. Rogo, non potes ipse videri
> Incendisse tuam, Tongiliane, domum (3)?

Un autre intérêt que le bénéfice à retirer de l'assurance, pouvait

(1) Mémoires historiques sur les traités publics dans l'antiquité, depuis les
temps héroïques de la Grèce jusqu'aux premiers siècles de l'ère chrétienne
(*Mémoires de l'Académie des Inscriptions et Belles Lettres*, t. XXIV, p. 39-40).

(2) *Etudes sur les antiquités juridiques d'Athènes.*

(3) Epigr., lib. III, cp. 52.

guider Tongilien ; et un fragment d'une satire de Juvénal, contre les hérédipètes ou captateurs de testaments, qui se termine par le même trait, nous donnera l'explication de cette épigramme.

« Si le feu prend au palais d'Asturius, les dames romaines font
» éclater leur désespoir ; la noblesse est en deuil ; le préteur inter-
» rompt ses audiences. C'est alors qu'on gémit du malheur de la
» ville ; c'est alors qu'on déteste le feu. Le palais brûle encore, et
» déjà l'un vient offrir le marbre pour le reconstruire ; l'autre veut
» le faire relever à ses frais. Celui-ci promet les statues les plus
» rares et les mieux conservées ; celui-là de superbes morceaux de
» Polyclète et d'Euphranor. D'autres proposeront les antiques et
» précieuses dépouilles des temples de la Grèce. C'est à qui don-
» nera des livres, des tablettes, un buste de Minerve et des bois-
» seaux d'argent. Persicus, dans une pareille conjoncture, est
» encore mieux traité, comme le plus opulent des vieillards sans
» héritiers ; de sorte qu'on pourrait, à juste titre, *le soupçonner*
» d'avoir lui-même embrasé sa maison.

..... Meliora et plura reponit
Persicus, orborum lautissimus, ut merito jam
Suspectus, tanquam ipse suas incenderit ædes (1).

Ce n'étaient point, comme l'ajoute M. Caillemer, les assureurs qui indemnisaient Tougilien, mais bien plutôt ceux qui voulaient se le rendre favorable et conquérir par là sa succession.

Ces inductions sont impuissantes à établir à cette époque l'exis-tence des assurances terrestres.

4. On a cherché, mais sans plus de succès, dans divers passages de Tite-Live et de Suétone, l'origine des assurances maritimes. Le premier de ces deux historiens raconte le fait suivant : Pen-dant qu'Annibal était aux portes de Rome, tout semblait perdu, si son père Asdrubal pouvait voler à son secours. Mais les troupes romaines pouvaient lui fermer le passage en Espagne, où elles étaient victorieuses ; seulement les approvisionnements leur man-quaient. Le sénat romain, dépourvu de ressources, ne les pouvait

_____

(1) Juv., *Sat.* 3, v. 212-222.

fournir. Il en chargea de riches sociétés qui n'acceptèrent l'entreprise de la fourniture et du transport que sous la double condition : « Unum, ut militia vacarent, dùm in eo publico essent ;
» alterum, ut quæ in naves imposuissent, ab hostium tempesta-
» tisque vi, publico periculo essent (1). » Ces mesures devinrent
la source d'un grand nombre de fraudes. « Ementili erant falsa
» naufragia, et ea ipsa, quæ vera renuntiaverant, fraude ipsorum
» facta erant, non casu (2). »

Ce déplacement de risques est une modification que les parties
apportent à la nature de la convention et qui s'explique dans l'espèce par des considérations politiques et d'ordre public. Rien n'y
révèle le caractère, le principe, le germe de l'assurance.

Le passage de Suétone donne lieu aux mêmes observations. La
disette sévissait à Rome. L'empereur Claude, pour encourager
l'importation des grains, accorda certains avantages aux armateurs, et prit même à sa charge les risques de mer. « Negotiatori-
» bus certa lucra proposuit, suscepto in se damno, si cui quid
» per tempestates accidisset (3). »

L'analogie la mieux accusée se retrouverait dans ce fragment
d'une lettre de Cicéron, qui, vainqueur en Cilicie, recherche les
moyens de faire parvenir à Rome le butin qu'il a conquis :
« Laodiceæ me prædes accepturum arbitror omnis pecuniæ pu-
» blicæ, ut et mihi et populo cautum sit de vecturæ periculo
(ad famil., lib. 2, ep. 7). » Et encore ce contrat se rapporterait
tout aussi bien et mieux au contrat de change qu'aux assurances.

Est-il enfin besoin de citer encore quelques passages du Digeste
sur lesquels on prétend s'appuyer. « Illa stipulatio, decem millia
» salva fore promittis, valet. » Mais, comme le dit M. Alauzet, ce
fragment peut s'appliquer à toute espèce de cautionnement. Or,
ce contrat était très connu à Rome, et on ne peut en induire
l'existence des assurances.

5. Non-seulement l'analogie ne résulte pas de ces divers fragments (les textes ne peuvent traiter d'une chose inconnue), mais

____

(1) Tit. Liv., lib. 23, cap. 49.
(2) Tit. Liv., lib. 25, cap. 3.
(3) Suétone, Claudius, cap. 18.

encore ils n'indiquent aucune probabilité. Pourquoi si l'assurance a été connue et pratiquée du temps des Romains, est-elle tombée en désuétude pendant le cours de plusieurs siècles? Pourquoi le Digeste et le Code n'en ont-ils conservé aucun vestige?

Il est sage de croire que les besoins de cette société n'avaient pas et ne pouvaient pas donner naissance à ces combinaisons ingénieuses par lesquelles le hasard semble réduit à des lois et qui détourne, en les réparant, les coups de l'infortune. La concentration des richesses permettait aux grands propriétaires, aux nobles patriciens de relever avec leurs propres ressources les ruines d'un désastre. Ils pouvaient demeurer, comme nous le dirons dans notre terminologie technique, leurs propres assureurs.

Pour les assurances maritimes, l'utilité en était moins grande qu'au moyen-âge, moins grande qu'aujourd'hui, parce que la navigation était circonscrite dans un rayon restreint, et puis enfin, parce qu'il existait une institution assez peu différente des assurances et qui suffisait aux nécessités commerciales. Nous voulons parler du contrat de prêt à la grosse aventure, *nauticum fœnus*, dont il est question au Digeste, au Code et dans les Novelles.

Qu'était ce que ce contrat et d'où venait-il aux Romains? Le définir, dire comment il se rapproche du contrat d'assurances, comment il en diffère, ce sera suffisamment expliquer pourquoi nous en traitons.

6. On appelle *trajectitia pecunia* ou *nauticum fœnus*, le prêt d'une somme d'argent qui doit être employée au commerce maritime, à la charge par l'emprunteur de rendre ladite somme en cas d'heureuse arrivée du navire avec l'intérêt maritime stipulé, et sous la condition, si le navire se perd par fortune de mer dans le voyage déterminé, de ne rendre ni le capital prêté, ni les intérêts convenus.

Le rapprochement de cette définition avec celle de l'assurance donnée plus haut indique les rapports des deux contrats. L'un et l'autre ont pour but de déplacer les risques. Les différences sont peu sensibles.

Dans l'assurance, le prix des risques doit toujours être reçu par celui qui les prend à sa charge, tandis que dans le prêt à la grosse aventure, l'emprunteur ne le devra que si le malheur prévu ne se réalise pas.

Dans l'assurance, la somme promise par l'assureur ne se paiera qu'après le sinistre ; l'assureur n'avance rien que la promesse d'une indemnité, tandis que le prêteur à la grosse paie cette indemnité avant que le sinistre ait pu se produire.

Comment les Romains connaissaient-ils l'usage du prêt à la grosse ?

7. Rome, à l'époque de ses guerres avec Carthage, s'appropria les lois Rhodiennes si connues et si vantées de toute l'antiquité. Est-ce là qu'ils trouvèrent les lois réglant le contrat de prêt à la grosse? Nul ne le pourrait dire, car les interpolations et les anachronismes sont si fréquents dans ce recueil que toute confiance lui doit être refusée. Mais il est probable que cette institution était ancienne, *l'origine di questo contratto e molto antica*, dit Targa, et il a raison. Nous voyons, en effet, le prêt à la grosse, bien caractérisé, avec des règles bien déterminées au siècle de Démosthènes qui, dans un discours, nous en donne la formule.

« Androclès de Sphette et Nausicrate de Caryste ont prêté à Artémon et Apollodore de Phasélis trois mille drachmes d'argent sur des effets à transporter d'Athènes à Meude ou à Scyone, de là dans le Bosphore et, s'ils le veulent, à la côte gauche jusqu'au Borysthène pour revenir à Athènes.

» Les emprunteurs paieront l'intérêt à raison de 225 pour 1,000 ; mais s'ils ne passent du Pont au Temple (des Argonautes) qu'après le coucher de l'arcture, ils paieront 500 d'intérêt pour 1000. Ils engagent pour la somme prêtée trois mille amphores de vin de Mende, qu'ils transporteront de Mende ou de Scyone sur un navire à 20 rames, dont Hiblesius est armateur. Ils ne doivent et n'emprunteront rien à personne sur le vin affecté à ce prêt.

» Ils rapporteront à Athènes sur le même navire les objets qu'ils auront achetés avec le prix de ce vin, et, lorsqu'ils seront arrivés, ils paieront en vertu du présent acte aux prêteurs la somme convenue, dans les vingt jours à compter de celui où ils seront entrés dans le port d'Athènes, sans autres déductions que les pertes ou sacrifices consentis par le commun accord des passagers, ou celles qu'ils auraient essuyées de la part des ennemis; sauf cette seule exception, ils paieront la totalité, et livreront sans aucune charge aux créanciers les objets affectés, jusqu'à ce qu'ils aient payé intégralement l'intérêt et le principal convenu par le présent acte.

» Si cette somme n'est pas payée dans le temps marqué, les créanciers pourront faire vendre ces objets; et s'ils n'en tirent pas la somme qui leur est promise par le présent acte, ils pourront exiger le reste d'Artimon et d'Appollodore, ou de l'un d'eux, ou de tous les deux en même temps, saisir leurs biens sur terre et sur mer, en quelque lieu qu'ils soient, comme s'ils eussent été condamnés, et qu'il s'agit de l'exécution d'une sentence des tribunaux.

» S'il arrive quelque accident considérable au navire sur lequel sont chargées les marchandises, le droit des créanciers sera limité aux effets qui auront échappé. (V. la *Collection des lois maritimes* de M. Pardessus, t. 1er, p. 46). »

Ce contrat ainsi défini et déterminé, et importé sans doute d'Athènes à Rome, entra dans les mœurs et dans la pratique; il attira l'attention des jurisconsultes. Les titres 2 (liv. 22, Dig.), tit. 53 (liv. 4, Cod.), et les Novelles 106 et 110 lui sont exclusivement consacrés. Il dut même prendre une grande extension à cette époque où il facilitait si bien les opérations commerciales. En effet, le commerce était abandonné aux classes nécessiteuses ou confié aux esclaves. Le prêt à la grosse leur procurait des fonds qu'ils exposaient d'autant mieux à des spéculations d'outre-mer, que le remboursement était subordonné à l'heureuse arrivée du navire. L'élévation de l'intérêt contrebalançait pour les prêteurs les dangers de perte.

De telles opérations impliquent pour ceux qui les pratiquent nécessité d'en faire métier. Car prêter à la grosse sur deux ou trois navires, c'est exposer sa fortune sans garantie contre un. avantage qui ne peut compenser la chance d'une ruine complète. Aussi les prêteurs à la grosse étaient à Rome de véritables industriels. Les *argentarii* se livraient à ces prêts qui étaient devenus pour eux des opérations de banque. La Novelle 106 parle de deux banquiers dont les spéculations devaient ressembler à celles de nos Compagnies d'assurances maritimes.

« Prœbuimus Petrum et Eulogium supplicasse nostræ sacræ
» potestati, et per se explanasse dicentes, quod per se consueve-
» runt naucleris seu negotiatoribus mutuare, et maximé in mare
» negotia facientibus — et hanc vitæ habere occasionem. »

C'était au Forum que se débattait le taux des intérêts, que se publiaient les règlements sur l'argent de transport (*de trajectitiis pecuniis, quæ manifesta facta est foro tuo*. Nov. 110, Préf.); là encore que s'élevaient les récriminations sur les vices économiques de la législation maritime. Appert la Nov. 110 par laquelle fut rapportée la Nov. 106.

Nous en avons assez dit pour expliquer le lien de parenté qui rattache les assurances au contrat à la grosse. Voilà pourquoi ce contrat fait l'objet de notre étude de droit romain.

DROIT ROMAIN.

8. Nous avons défini le prêt à la grosse : « le prêt d'une somme
» d'argent qui devait être employée au commerce maritime, à la
» charge par l'emprunteur de rendre la dite somme en cas d'heu-
» reuse arrivée, avec l'intérêt maritime stipulé, et sous la con-
» dition, si le navire se perdait par fortune de mer dans le voyage
» déterminé, de ne rendre ni le capital prêté, ni les intérêts
« convenus. »

Cette définition, anticipée sur la connaissance du contrat dont
nous abordons l'étude, explique suffisamment la nature des opérations qui le constituent. Un armateur ou un commerçant veut se
livrer au commerce maritime sans courir les dangers auxquels la
navigation expose sa fortune. Un capitaliste lui en ménage les
moyens ; il lui offre des fonds et stipule, pour le cas d'heureuse
arrivée, un gros bénéfice ; à ce prix, il assume sur sa tête les
risques de l'entreprise en renonçant, pour le cas de sinistre,
au capital avancé et au profit promis. Telle est cette convention,
dont le caractère est aléatoire et qu'il était utile d'expliquer, parce
que, désignée dans les textes sous les mots : *trajectitia pecunia*
— *nauticum fœnus*, on n'en trouve d'autres définitions que celle-
ci donnée par Modestin :

« Trajectitia pecunia ea est quæ trans mare vehitur. »

Le sens de ces mots est rendu saisissable par les données qui précèdent, de même que ceux-ci : *nauticum fœnus* (1), profit, intérêt maritime.

9. Quelle est la nature du prêt à la grosse, à quelle classe de contrats peut se rapporter le *nauticum fœnus ?* C'est une question à examiner.

Cujas (*recit. sol. de naut. fœn.*) dit qu'au premier aspect, on doit y voir un simple louage. L'argent est livré pour qu'on en fasse usage, moyennant un prix arrêté d'avance. Qu'importe ? Un objet loué est destiné à un usage par lequel il ne se consomme pas, ce qui oblige le locataire à le rendre individuellement. Or, l'argent se consomme par le premier usage, *usu consumitur*, et on n'est pas tenu à rendre les mêmes écus qu'on a reçus. *Contracto fœnore eadem res non redditur.*

10. Le même auteur ne peut voir davantage un *mutuum* dans le contrat qui nous occupe. Le *mutuum*, dit-il, ne comporte pas plus de rémunération que le *commodat ;* et, d'après lui, notre contrat est double. Par la remise de l'argent, on fait un *mutuum*, et par une stipulation (sauf le cas où on se sert d'un simple pacte), on obtient le *fœnus*. Il définit cette stipulation la « *fœneratitia stipulatio.* »

Pourquoi voir ici deux contrats, et ne pas considérer ce prêt comme un *mutuum*. Sans doute, le *mutuum* ordinaire d'une somme d'argent n'oblige à rendre exactement que ce qui a été reçu ; et Paul dit avec raison (fr. 17, *De pactis princip.*) : « Re » non potest contrahi nisi quatenus datum est. » Or, les intérêts ne peuvent être réclamés en vertu de la *condictio*, qui découle du *mutuum* ; et dans le prêt à la grosse on rencontre toujours l'intérêt au profit maritime en compensation des risques.

Mais dans le prêt ordinaire, où le créancier stipule un intérêt conventionnel par un contrat particulier, le *mutuum* n'en existe pas moins avec sa nature et ses effets. L'argent prêté par une ville produit intérêt en vertu d'un simple pacte. *Etiam ea nuda pacta*

---

(1) Aulu-Gelle, *Noct. att.*, C, 12, *lib.* 16. « Fœnerator enim, uti M. Varro in libro tertio de sermone latino scripsit, à fœnore est nominatus. Fœnus autem dictum à fetu et quasi à fetura quadam pecuniæ parientis atque increscentis. »

debentur usuræ creditarum ab iis pecuniarum. Cela empêche-t-il le *mutuum* de conserver son nom et son caractère ? De même, celui qui prête, non une somme d'argent, mais une certaine quantité de froment ou d'orge, peut valablement convenir qu'on lui rendra plus.qu'il ne donne. *Frumenti vel hordei mutuo dati,* dit l'empereur Alexandre, *accessio etiam ea nudo pacto præstanda est.* (L. 12, C. *de usuris*, liv. 4, tit. 32). Le *mutuum* existe cependant. Les mêmes raisons de décider se rencontrent pour la *trajectitia pecunia.*

La convention d'intérêts, le déplacement des risques, l'aléa qui y règne, ne suffisent pas à transformer en deux contrats un acte qui nous apparaît avec les caractères d'un *mutuum* et que les textes désignent sous ce nom. « Fœnerator pecuniam maritimis usuris » mutuam dando (L. 6, D. h. t.). — Trajectitiæ pecuriæ quæ » periculo creditoris mutuo datur, casus ad debitorem non » pertinet. (L. 4, *Cod.* h. t.)

D'ailleurs, quels sont les éléments constitutifs du *mutuum* ? Le *mutuum*, dit M. Demangeat (t. II, p. 152), rentre dans l'hypothèse très générale où il y a *creditum, res credita ; cuicumque rei adsentiamus, alienam fidem secuti, mox recepturi quid ex hoc contractu, credere dicimus* (L. 1, D. *de reb. cred.*). Mais le *mutuum* diffère du *creditum* comme l'espèce du genre.

Trois éléments essentiels constituent et caractérisent le *mutuum*, savoir : 1° une aliénation, 2° une obligation contractée par *l'accipiens*, 3° obligation de restituer des choses de même nature et de même valeur que celles qui ont été fournies ou prêtées. Si nous retrouvons ces mêmes éléments dans le contrat *trajectitiæ pecuniæ*, il faudra en conclure que c'est un véritable *mutuum* ; et peu importera que des modifications conventionnelles viennent augmenter ou diminuer la position respective des parties, elles n'en altéreront pas plus la nature qu'une condition où un terme dans un *mutuum* ordinaire ne changent le nom et l'essence de ce contrat.

Or, y a-t-il aliénation ? Oui, puisque l'emprunteur doit devenir propriétaire des deniers qui lui sont confiés. Il peut s'en servir

pour acheter des marchandises destinées à l'exportation (L. 1,
D. h. t.)

Nous verrons que pour donner au prêt maritime son caractère particulier, pour justifier l'élévation de l'intérêt, il faut que les marchandises achetées avec les deniers prêtés soient exposées aux risques de la navigation ; autrement il n'y aura pas *nauticum fœnus* (*ead. leg.*). Mais, à supposer que l'argent prêté soit consommé au lieu même où il a été prêté, à supposer qu'il ne soit point *trajectice*, l'emprunteur en restera tenu, *ex mutui datione.* C'est qu'il y a *mutuum.*

Il faut, en second et troisième lieu, une obligation contractée par l'*accipiens*, ayant pour objet la restitution de choses de même valeur ou de même nature que celles qui ont été prêtées. L'emprunteur à la grosse est bien obligé de rendre ; mais son obligation sera remplie par la prestation de choses *ejusdem naturæ.* Il n'y a donc pas louage, il n'y a pas *commodat*, il y a *mutuum* ; restera aux parties contractantes le soin d'en régler les conditions suivant leur volonté.

11. De ces explications, il résulte que les règles générales applicables au *mutuum* doivent être observées dans la convention *trajectitiæ pecuniæ.* Il suffit d'énoncer les principales.

Le prêteur à la grosse ne peut donner en prêt une chose dont il n'est pas propriétaire, à moins qu'il n'ait reçu du propriétaire pouvoir d'aliéner ou que le propriétaire de la chose prêtée n'ait, plus tard, approuvé ce qui a été fait (L. 2, § 4, *de reb. cred.*). Le *mutuum* et par conséquent le contrat *trajectitiæ pecuniæ* sortirait encore son plein et entier effet, si les choses illégalement prêtées avaient été consommées de bonne foi par l'emprunteur, sauf au vrai propriétaire son recours contre le prêteur pour avoir disposé de la chose sans son consentement : « Si alienos nummos tibi » dedi, non antè mihi teneris quàm eos consumpseris » (L. 15, *de reb. cred.*, § 1, Dig. lib. 12).

Enfin, le pupille qui emprunterait de l'argent à la grosse ne serait pas plus tenu *ex mutui datione*, que s'il empruntait de l'argent par *mutuum* ordinaire (Inst. *Quib. mod. re cont. oblig.*, § 1) Au contraire, un fils de famille ou un esclave qui a pouvoir d'aliéner les écus compris dans son pécule, fait valablement le contrat de *mutuum* (*De reb. cred*, L. 2, § 6).

Telles sont les conditions générales de validité de ce contrat. Mais, comme le but en est tout spécial, il importe de connaître les modifications ordinaires qui lui impriment son caractère aléatoire.

12. Nous l'avons dit : L'argent prêté est destiné au commerce maritime, et ne doit être remboursé qu'au cas d'heureuse arrivée. Les risques sont donc déplacés. En compensation, promesse est faite par l'emprunteur, s'il est tenu au remboursement, de payer le prix des risques, *periculi pretium*. C'est ce qu'on appelle l'intérêt maritime, dont le taux est laissé à la détermination des parties. Enfin, le remboursement n'est conditionnel et l'intérêt n'est dû que si les risques sont courus, c'est-à-dire si le voyage est entrepris. L'intérêt maritime est dû en vertu d'un simple pacte.

Ces notions, qui seront justifiées par les explications qui suivent, indiquent les différences qui séparent le *mutuum* ordinaire du prêt maritime. Dans le premier, en effet, les risques sont à la charge de l'emprunteur, l'intérêt est limité par la loi, il est dû en vertu seulement d'une stipulation. Le prêt existe dès que la remise des espèces a eu lieu.

L'étude de ces différences et des conditions qui donnent lieu au *nauticum fœnus*, va faire l'objet des chapitres suivants.

CHAPITRE II.

DES RISQUES MARITIMES.

Nous examinerons sous cette rubrique les trois points suivants : 1° Nécessité d'un risque; 2° Temps et lieu du risque; 5° Nature des risques à la charge du créancier.

15. 1° *Nécessité d'un risque.* - - La règle générale, en matière de prêt, met à la charge de l'emprunteur les risques de la chose qui en fait l'objet : « Incendium ære alieno non exuit debi- » torem (1); infortunio naufragii debitor non *liberabitur* » (2). Ce principe est incontestable en tant qu'il ne s'agit pas du débiteur d'un corps certain, dont la perte arrivée par cas fortuit ou de force majeure est libératoire.

Mais on peut, sans être débiteur d'un corps certain, convenir qu'au cas de tel accident fortuit, le prêteur ne pourra plus répéter de l'emprunteur l'argent qu'il lui a prêté. Cette convention est toujours faite quand un commerçant emprunte une somme dont le montant servira à un voyage maritime. Aussi Cujas s'exprime-t-il à cet égard de la manière suivante : « Quà de causâ, cùm » dicimus nauticam vel trajectitiam, vel maritimam, eam dicimus » quæ periculo fœneratoris mutuo datur. »

Cette convention n'est pas, en quelque sorte, facultative. Seule, elle fait naître l'*alea*, et à défaut de sa formation, le *nauticum fœnus* ne pourrait être promis. Et Voët s'exprime ainsi (3) : « Substantia itaque fœnoris nautici in eo consistit, quod pecunia » credita non debitoris, seu mutuatarii, ut vulgò, sed creditoris » seu mutuantis periculo sit; propter quod periculum licet olim » nullus fœnori nautico terminus præscriptus fuerit indeque in » infinitum ex conventione partium, extendi potuerit quantitas » ejus, teste Paulo, *recept. sent.* (lib. 2, tit. 14, § 3). Mais il ne suffit pas de ce déplacement de risques pour donner au contrat son caractère particulier, il faut encore que le risque soit couru. « Trajectitia pecunia ea est quæ trans mare vehitur » (4).

Cette loi dit clairement que l'argent prêté, pour devenir *trajec-tice*, doit être exposé aux risques maritimes. Car, si on le consommait au lieu même où on en fait la remise, on enlèverait au contrat son caractère particulier. De même, et pour savoir si les marchandises achetées avec l'argent prêté lui seront substituées *cum nau-tico fœnore*, il importe d'examiner si elles seront exposées aux

<hr>

(1) L. 9, Cod. lib. 4, tit. 2.
(2) L. 1, Cod. lib. 4, tit. 33.
(3) Voët, lib. 22, tit. 1, § 2.
(4) Dig. h. t, leg. 1.

risques de la navigation dont le créancier a assumé la responsabilité. *Et interest utrùm ipsæ periculo creditoris navigent.* Le contrat sera dépourvu de sa forme aléatoire, si elles sont vendues au lieu *même où on a emprunté l'argent pour se la procurer.* Car le contrat ne devient véritablement un prêt à la grosse que du jour où le péril a commencé d'avoir son cours. « In nauticâ pecuniâ » ex ea die periculum spectat creditorem ex quo navem navigare conveniat » (Leg. 3, *h. t.*).

Ainsi donc, première conséquence : point de risque maritime, point de *nauticum fœnus.* L'un ne peut exister sans l'autre. Un prêteur a convenu que l'argent lui serait rendu à Rome, et il reconnaît que cet argent n'a pas couru les périls de la navigation : il est certain qu'il ne pourra pas réclamer d'intérêts supérieurs au taux légal. « Non est dubium pecuniæ creditæ ultra licitum » modum, te exigere non posse » (1). Dans cette hypothèse, il n'y aura qu'un prêt ordinaire.

La nécessité d'un risque à la charge du prêteur, condition sans laquelle la physionomie de notre contrat serait altérée, est surabondamment prouvée par les textes cités, et constatée dans ce dernier : « Trajectitiæ quidem pecuniæ, quæ periculo creditoris » datur, casus, antequam ad destinatum locum pervenerit navis, » ad debitorem non pertinet : sine hujusmodi verò conventione » infortunio naufragii debitor non liberabitur » (2).

14. Le preneur à la grosse peut se repentir et résoudre le contrat par son propre fait, sauf le cas de fraude, soit en rompant le voyage avant le départ du vaisseau, soit en n'y chargeant rien ; *si eadem loci consumatur, non erit trajectitia;* et il en sera ainsi, alors même que le prêteur serait de bonne foi, car la nature du contrat à la grosse est telle que le prêteur ne peut gagner le profit maritime qu'autant qu'il a couru les risques auxquels ce contrat est sujet, et dans l'espèce il ne les a point courus.

15. 2° *Temps et lieu du risque* — Le *creditor trajectice* supportait la perte de l'argent prêté à la grosse, mais il fallait que

____

(1) Leg. 2, Cod. lib. 4, tit. 33.
(2) Leg. 1, Cod. h. t.

cette perte eût lieu pendant le temps et dans le cours du voyage fixé par la convention ou l'usage (*vel ex conventione, vel ex solemni navigationis lege*).

La durée des risques à la charge du créancier limitait le temps pendant lequel il pouvait obtenir l'intérêt maritime , *nauticum fœnus*. Et, si conventionnellement le prêteur refusait d'assurer les risques sur sa tête au-delà d'un terme fixé ou après l'évènement d'une condition, il abdiquait le droit d'exiger le *fœnus* à partir du moment où sa responsabilité prenait fin.

Il est donc important de connaître la durée des risques, leur point de départ, le jour de leur expiration. Ils ne commençaient, en l'absence de toute convention, que le jour où le navire mettait à la voile, et se continuaient tant que l'on n'avait pas atteint le port de destination. « Trajectitiam pecuniam quæ periculo cre-
» ditoris datur, tamdiù liberam esse ab observatione communium
» usurarum, quamdiù navis ad portum adpulerit, manifestum
» est (1). »

L'effet est pris dans cette loi pour la cause. Dire qu'on sera affranchi des lois sur le taux de l'intérêt pendant toute la durée de la navigation jusqu'au port d'arrivée, c'est dire que les risques n'ont pas d'autre fin, puisque la liberté de l'intérêt n'existait que corrélativement aux risques et comme leur compensation.

Mais cette durée légale pouvait être modifiée par la convention des parties. Elles avaient la liberté de convenir que l'argent serait prêté pour l'aller et le retour, pour un temps préfixe, ou bien jusqu'à l'événement d'une certaine condition. Le prêteur était dégagé des risques si le sinistre arrivait en dehors des termes de la convention. Ce principe se trouve développé dans quelques textes que nous allons examiner.

16. Et d'abord, la loi 122, Dig. *De verb. oblig.* Il s'agit d'un contrat à la grosse dans lequel le créancier ou prêteur a pris à son compte les risques d'aller et retour. Stichus, esclave de Séius, a prêté à la grosse une certaine somme à Callimaque pour le double voyage de Béryto à Brindes et de Brindes à Béryto. Le prêt est

(1) Leg. 1, Cod. h. t.

fait pour tout le temps de la navigation fixé à un maximum de deux cents jours. L'emprunteur affecte à la sûreté de la créance les marchandises qu'il achète à Béryte, et celles qu'il doit acheter à Brindes avec le produit des premières. Comme condition spéciale du prêt, il est entendu que Callimaque quittera le port de Brindes avant les ides prochaines de septembre. Et la raison de cette clause, c'est que le prêteur ne veut pas s'exposer aux périls de la navigation devenue plus dangereuse à cette époque. Au cas où cette condition ne serait pas remplie, Callimaque s'oblige à payer à Brindes la somme empruntée et le profit maritime, et cela à l'esclave de Titius ou Séius (1), qui accompagne l'emprunteur dans son voyage pour toucher au jour fixé le remboursement promis (il était d'usage de faire suivre un esclave dans ce but). Toutes ces conditions sont acceptées par Callimaque.

Les termes du contrat sont clairement exposés dans le fragment du Digeste. On va rechercher dans la suite du texte pour qui sont les risques. Si les principes que nous avons déjà établis sont exacts, nous pouvons fournir la solution. Callimaque partira-t-il de Brindes avant les ides de septembre? Il sera affranchi de toute perte, qui restera pour le prêteur, jusqu'à concurrence du laps de temps fixé pour l'entière navigation de l'aller et retour. Or, c'est précisément le contraire que décide la loi 122, tout en reconnaissant dans l'espèce que Callimaque a quitté le port de Brindes avant l'époque fatalement déterminée. D'où peut venir cette contradiction entre les principes et la décision du jurisconsulte Scévola? Il est utile d'étudier le texte lui-même.

« Et cùm antè idus suprascriptas secundùm conventionem,
» mercibus in navem impositis, cum Erote conservo Stichi, quasi
» in provinciam Syriam perventurus enavigavit : Quæsitum est,
» nave submersa, cùm secundùm cautionem Callimachus merces

----

(2) Scévola parle du même esclave dans cette loi, en l'appelant d'abord esclave de Séius, puis de Titius. Cette confusion n'existe que dans les mots. Elle vient de l'usage assez familier aux jurisconsultes de se servir indistinctement de certains noms dans leurs exemples. Titius, Séius, etc. C'est ainsi que les philosophes anciens se servaient de la même manière des noms de Dion et de Théon.

» Beryto perferendas in navem misisset, eo tempore quo jam
» pecuniam Brentesii reddere Romæ perferendam deberet; an
» nihil prosit Erotis consensus qui cum eo missus erat, cuique
» nihil amplius de pecunia suprascripta post diem conventionis
» permissum vel mandatum erat, quam ut eam receptam Romam
» perferret : et nihilominus actione ex stipulatu Callimachus de
» pecunia domino Stichi teneatur? — Respondit, secundum ea
» quæ proponerentur, teneri (1). »

Voilà donc, d'après Scévola, les conditions du contrat accomplies par Callimaque. Il est parti avant les Ides de septembre ; le
navire vient à périr, la perte devrait être supportée par le créancier,
et cependant le jurisconsulte reconnaît qu'elle doit rester au
compte du débiteur, puisqu'il en vient à se demander si la proro-
gation accordée par l'esclave chargé du recouvrement ne vient pas
relever l'emprunteur de son retard. Contradiction singulière, dans
le texte, Callimaque est parti avant les Ides de septembre, et, un
peu plus loin, il a chargé son navire à un moment où il aurait
déjà dû se libérer à Brindes, c'est-à-dire après les Ides.

Les auteurs ont cherché l'explication de cette contradiction.
Alciat, Donneau et Pothier la font disparaître par une interpolation : au lieu de lire, *Cùm anté idus*, ils ajoutent la négation *non*,
et lisent, *cùm non anté idus*. La décision devient alors parfaitement conforme aux principes ; la condition du contrat n'étant plus
remplie, le risque ne peut plus rester à la charge du créancier, et
la perte du navire ne libérera pas le débiteur. La question que se
pose ensuite le jurisconsulte est toute naturelle : L'esclave envoyé
par le prêteur pour toucher les fonds, à Brindes, a-t-il pu aggraver
la position de son maître, en prolongeant le délai ou en modifiant
le contrat à la grosse? La réponse de Scévola est négative.

Certains pensent, après Cujas, qu'on ne peut adopter cette
interprétation, et qu'il ne faut pas recourir à des interpolations
quand on peut, d'une autre manière, dégager un texte de ses
obscurités. Cujas repousse donc la négative, et croit que le fragment de Scévola peut s'entendre en comprenant bien le sens des
mots : *Quasi in provinciam Syriam perventurus enavigavit*. Ces

(1) Leg. 122, § 1, Dig. *De verb. oblig.*

mots signifieraient que Callimaque est parti comme s'il se rendait directement en Syrie, mais qu'en réalité il a volontairement suivi une autre direction. Or, le prêt à la grosse était fait pour aller de Béryte à Brindes, et de Brindes à Béryte ; le changement de route augmente ou au moins peut altérer la nature des périls que le créancier a consenti à prendre à sa charge. Il n'est donc pas responsable de cette aggravation de risques. Ainsi s'explique la décision du jurisconsulte.

Cette interprétation laisse inexpliqués ces mots de la loi : le départ a eu lieu à une époque où l'argent aurait déjà dû être compté à Brindes, c'est-à-dire après les Ides, tandis qu'il est constaté, d'autre part, qu'on est parti de Brindes avant cette même époque (1).

Le même commentateur donne, dans un autre passage (2), une nouvelle explication de cette loi 122. Le navire, dit-il, est bien parti avant les Ides de septembre, mais à un moment si rapproché des Ides, que le trajet de Brindes à Béryte ne peut s'effectuer dans le temps fixé par la convention. « Paria sunt post Idus navem » solvere, et tùm solvere cùm jam intra statuta tempora navis » Berytum pervenire non potest. »

Cette explication est ingénieuse, mais ne paraît pas cependant fondée. Il s'agit de savoir si la convention est exécutée. Or, elle oblige Callimaque à partir avant les Ides de septembre, sans se préoccuper, à cette date, du temps qui sera nécessaire pour le voyage (ce serait là une autre question). Callimaque était-il tenu des risques ? voilà ce qu'il s'agit de savoir. Non, puisqu'il est parti à l'époque convenue ; oui, d'après le texte, puisqu'il n'a fait voile pour Brindes qu'à un moment où son obligation était exigible. Le consentement de l'esclave ne relève pas l'emprunteur de cette inexécution du contrat. Mais, quand même ce dernier ne serait sorti du port qu'à la dernière heure avant les Ides, on ne saurait, à ce moment, lui imputer l'inaccomplissement d'une obligation parfaitement exécutée.

(1) Cujacii *Recit.,* in leg. 122, § 1, *De verb. oblig.*
(2) Cujacii *Obser.,* liv. 2, ch. 2.

Il faut donc s'en référer à l'explication d'Alciat, Donneau et Pothier. Elle éclaire toutes les difficultés, rétablit l'harmonie dans le texte. Callimaque n'est pas parti avant les Ides; l'esclave du préteur ne peut par son consentement le dégager des termes de la convention conclue avec son maître. Et alors la décision de Scévola est exacte. L'emprunteur est tenu et le profit maritime est acquis au préteur.

17. La Loi 4 (*de naut. fœn.*, Dig.) contient une application de ce principe, que l'élévation de l'intérêt était limitée à la durée des risques. Papinien s'exprime de la manière suivante : Si l'argent prêté n'a jamais été aux risques du créancier, l'intérêt ne peut s'élever au-delà du taux légal, *majus legitima usura fœnus non debebitur.* Si le prêteur assigne à ces risques dont il consent à se charger, l'échéance d'un terme ou l'événement d'une condition, il fixe par là-même une limite au temps pendant lequel courra le *nauticum fœnus.* Et dans cette dernière hypothèse, il ne sera pas plus permis de réclamer par une action directe que par la rétention d'un gage, l'intérêt dû depuis l'échéance du terme ou l'événement de la condition. En d'autres termes, quand le péril aura cessé d'être à la charge du créancier, il ne pourra retenir les gages ou utiliser ses hypothèques au-delà de la valeur suffisante pour lui garantir le paiement des intérêts ordinaires. *Discusso periculo nec pignora vel hypothecæ titulo majoris usuræ tenebuntur.*

On aurait pu supposer que, par la conservation des gages et hypothèques, il y avait possibilité d'obtenir des intérêts dont la demande ne pouvait être formée par voie d'action. La procédure par voie d'action n'était pas admise, en effet, en matière de *mutuum*, si les intérêts n'y étaient dûs qu'en vertu d'un simple pacte; mais si on avait un gage, la rétention donnait le moyen d'arriver au paiement. « Pignoribus quidem intervenientibus, usuræ quæ sine stipulatione peti non poterant, pacto retineri possunt (1). — Per » retentionem pignoris, usuras servari posse de quibus præs- » tandis convenit, licet stipulatio interposita non sit, meritò » constitutum est; et rationem habet, cùm pignora conventione

______
(1) L. 22, lib. 32, Cod. lib. 4.

» pacti etiam usuris constricta sint (1). Mais on ne pouvait arriver
par la rétention d'un gage à percevoir des intérêts illégitimes :
« Pretii rerum distractarum quas venales præcedente mandato
» acceperas, ultra licitum usuras ex stipulatione vel mora præs-
» tare (licet pignora data probentur) compelli non potes (2). » —
La perception d'intérêts supérieurs au taux légal serait, après la
cessation des risques, une perception illégitime, puisque la responsabilité assumée par le créancier est le seul motif qui justifie
la liberté de convention en matière de *nauticum fœnus*. On ne
peut donc l'autoriser par aucun moyen, pas plus dans le cas de
prêt à la grosse que dans celui du *mutuum*. Voilà pourquoi,
Papinien dit, dans la Loi 4 : « Nec hypothecæ nec pignora titulo
» majoris usuræ tenebuntur. »

18. Il résulte des explications précédentes (et nous reviendrons
plus loin sur ce sujet) que des gages pouvaient être donnés et des
hypothèques consenties pour sûreté du prêt et du profit maritime.
La constitution de ces garanties n'avait cependant pas pour effet
d'assurer le remboursement en dehors des cas où le débiteur était
tenu. Ainsi, le prêteur ne répond de la perte que si le navire a péri
dans les limites du temps convenu, *si navis intra dies præstitutos
periisset*. Si le sinistre est réellement arrivé pendant l'intervalle
déterminé par le contrat, le créancier en supportera la conséquence. Il ne lui servira de rien d'avoir grevé d'hypothèques
d'autres biens que le navire et les marchandises achetées avec les
deniers prêtés. C'est ce qui est dit dans la Loi 6, Dig. h. t., dont
voici la teneur :

« Un prêteur en avançant de l'argent aux taux de l'intérêt
maritime avait reçu en gage des marchandises qui étaient dans le
navire ; en cas qu'elles fussent insuffisantes pour le remplir de
sa créance, il s'était fait pareillement donner en gage d'autres
marchandises embarquées sur d'autres vaisseaux, lesquelles
étaient déjà engagées à d'autres prêteurs qui, bien entendu, lui
resteraient préférables en rang. On a demandé si le vaisseau de

(1) L. 4, lib. 32, Cod. lib. 4.
(2) L. 19, lib. 35, Cod. lib. 4.

l'emprunteur, dont la cargaison aurait suffi pour le remplir de sa créance ayant péri, il devait supporter cette perte ou avoir son recours sur les autres vaisseaux. J'ai répondu que la perte du gage était ordinairement à la charge du débiteur, et non du créancier ; mais que l'argent prêté à la grosse aventure ne pouvait être répété par le créancier qu'autant que le vaisseau est arrivé à destination dans le temps fixé ; qu'ici le navire avait sombré *intra præstitutos dies*, que par conséquent l'obligation du débiteur était éteinte, que dès lors l'action sur les gages était périmée, même par rapport aux vaisseaux qui n'ont pas péri. Dans quelles circonstances le créancier sera-t-il donc autorisé à poursuivre sur ces gages supplémentaires? Il le sera, soit par l'accomplissement de la condition de l'obligation, soit par la destruction du premier gage due à une cause différente de celle qu'il prend à sa charge, soit par la vente faite à vil prix des objets qu'il a d'abord reçus en gage, soit, enfin, par la perte du vaisseau survenue après le temps donné pour qu'il arrivât au port. » (L. 6., Dig. trad. de Pothier).

Ainsi donc, aux termes de cette loi, si le navire vient à périr dans les délais déterminés, toute action du créancier est éteinte, toute constitution de gage ou d'hypothèque s'évanouit. Pourquoi donc hypothéquer d'autres objets que ceux exposés aux risques, alors que s'ils y échappent, ils serviront de garantie au remboursement, et que s'ils périssent, les autres hypothèques seront éteintes ? Ces gages ou ces hypothèques, dit le jurisconsulte Paul, seront utiles dans plusieurs cas : 1° Si la condition de l'obligation principale du débiteur vient à se réaliser, c'est-à-dire si le navire arrive à sa destination dans le délai voulu ; 2° si, dans ce cas, le prix des marchandises sur lesquelles le prêt a été consenti ne représente pas le montant de la somme prêtée et du profit maritime, le paiement du surplus pourra être poursuivi sur les autres gages ou hypothèques ; 5° si le sinistre arrive après le délai pendant lequel le créancier a voulu circonscrire la responsabilité des risques ; 4° si la destruction des choses affectées au prêt est le résultat d'accidents fortuits différents de ceux que le créancier a voulu prendre à sa charge, par exemple, si l'incendie dévore le

navire et que le créancier ait limité aux fortunes de mer les risques à sa charge.

Malgré la multiplicité des garanties dont la cause est justifiée
par d'autres raisons, la perte incombe au créancier, et tout recours
lui est interdit si le naufrage a lieu dans les délais et circonstances
prévus.

Il nous reste à examiner si toutes les chances de perte sont
également à la charge du créancier.

19. 5° *Nature des risques à la charge du créancier.* — Nous
avons dit que les fortunes de mer incombaient au prêteur ; mais,
par cela seul que le vaisseau n'arrive pas à bon port, il ne s'ensuit pas que le débiteur soit libéré. La nature de la convention
démontre clairement que l'emprunteur a voulu se décharger du
péril de la navigation, du naufrage. Mais si un incendie vient à
détruire le navire, s'il est pris par les pirates, si un jet devient
utile pour le salut de l'équipage, si enfin il porte des marchandises
prohibées et sujettes à confiscation, qui supportera la perte dans
ces divers cas ? Voici la règle à suivre. La perte provient-elle d'un
accident de force majeure, d'un de ces événements que la volonté
humaine est impuissante à prévenir ? Le prêteur la supportera.
L'emprunteur, au contraire, est-il en faute, et sa volonté a-t-elle
joué un rôle dans l'accident, il en est responsable. Mais il faut
une faute suffisamment caractérisée.

Nous en voyons un exemple dans la loi 5 (*Cod. h. t.*). Titius
a fait un prêt à un marchand qui se dirige vers Salonite, port
d'Afrique. Ce contrat *trajectitiæ pecuniæ* est conclu aux conditions
d'usage. Au lieu de prendre la route de Salonite, le vaisseau fait
voile pour un pays où les marchandises chargées à bord sont
prohibées, et saisies par le fisc dès l'arrivée. L'emprunteur, poursuivi par le *creditor*, se prétend libéré. Or, il ne saurait en être
ainsi, disent Dioclétien et Maximien. « Amissarum mercium
» detrimentum, quod non ex maritimæ tempestatis discrimine,
» sed ex precipiti avaritia, et incivili debitoris audacia adseve-
» ratur, adscribi tibi juris publici ratio non permittit. » Il y aurait
d'ailleurs un double motif pour laisser la perte au compte du
débiteur : 1° le changement de route qui peut donner lieu à une

aggravati~n de risques ; 2° l'importation de denrées mises hors du com...~rce par la loi du pays où on les veut introduire. Ces deux causes de perte sortent des termes de la convention.

On donnerait la même solution, si, malgré les lois les plus sages de la prudence, on abordait dans un port occupé par des pirates ; si on chargeait un navire en mauvais état d'une trop grande quantité de marchandises. « Item si in navem vetustam » et cariosam merces magni ponderis intulerit et imposuerit (1) ; » si on s'engageait dans un voyage à l'époque où la mer est mauvaise « Si nondùm aperto mare atque hiberno temporis rigore » naviget navis ; » enfin, dans tous les cas où il serait injuste de faire supporter au *creditor* les conséquences de la faute et de l'imprudence du capitaine. *Aliena culpa prægravari nemo debet.*

L'esprit du contrat, son but et les textes eux-mêmes, indiquent bien les règles à suivre. Cujas les résume en ces termes : « Cre- » ditor agnoscit damna fatalia non quæ contingunt ex culpa » debitoris. » Ce sera, dans chaque cas particulier, l'affaire du juge de décider s'il y a faute de la part de l'emprunteur.

20. Nous pouvons tirer de ce chapitre les conclusions suivantes : La liberté de l'intérêt maritime est subordonnée à l'existence d'un risque.

Le *nauticum fœnus* cesse de courir quand le péril cesse d'être à la charge du créancier.

En dehors de toute convention, les risques durent pendant tout le cours du voyage ; mais ils peuvent être restreints jusqu'à l'échéance d'un terme ou l'événement d'une condition.

Ils sont à la charge du créancier, en tant qu'ils proviennent des fortunes de mer et que le débiteur n'a aucune faute à s'imputer.

_____

(1) Cujacii paratitla (*Ad tit.* 33, *lib.* 4).

CHAPITRE III.

DE L'INTÉRÊT MARITIME ET DE SON CARACTÈRE.

21. Une des principales différences que nous avons signalées entre le *mutuum* ordinaire et le prêt à la grosse, c'est que dans ce dernier contrat la détermination du taux de l'intérêt est laissée à la volonté des parties, et qu'il suffit pour le faire courir d'un simple pacte. L'étude de ce double point de vue va faire l'objet de ce chapitre.

22. Quand je remets à Paul une somme d'argent qu'il m'a prié de lui prêter, je lui rends un service et me prive de la jouissance d'un capital. Ce service exige ou mérite une rémunération ; elle se trouve dans l'intérêt. Mais à cette première base de l'intérêt, qui est la compensation due à raison de la privation du capital, doit se joindre un second élément, la prime du risque. Le loyer des capitaux, dit M. Léon Faucher, est en quelque sorte la partie *réelle* de l'intérêt, celle qui se règle sur la valeur des choses, sur l'état du marché, et l'assurance en est la partie *personnelle*. Le risque change en effet avec les circonstances et la situation ou le caractère des emprunteurs.

Sous l'influence de ces données naturelles, l'intérêt avait dû rester libre à l'origine de la société romaine. Les émeutes que provoquèrent les réclamations usuraires des prêteurs contraignirent le législateur à fixer un maximum légal. « Primo XII tabulis » sanctum ne quis unciario fœnore ampliús exerceret, cùm » antea ex libidine iocupletium agitaretur (*Annales*, Tac., VII, » 16). »

Cette loi restrictive ne fut pas appliquée au prêt à la grosse. Paul le dit expressément « trajectitia pecunia, propter periculum » creditoris, quandiù naviget navis, infinitas usuras recipere

» potest (1). » La cause de cette exception est expliquée par le jurisconsulte, *propter periculum creditoris.* Le prêt maritime étant essentiellement aléatoire, on comprend que l'appât seul d'un bénéfice proportionné aux dangers courus pût déterminer le bailleur de fonds à engager aux chances de la navigation des capitaux considérables. En outre des cas fortuits qui demeuraient à sa charge, le prêteur était souvent dans une grande incertitude sur la solvabilité de l'emprunteur, par exemple, quand un capitaine ou un armateur recourait au contrat *trajectitiæ pecuniæ,* pendant le cours d'un voyage, loin de son pays et sans offrir de garanties bien sérieuses. Tous ces motifs légitimaient au plus haut degré l'élévation de l'intérêt maritime. « Valet sine stipula-
» tione nauticum fœnus, nec subest taxationi usurarum, quia
» augmentum sortis non est usura, sed periculi pretium (2). »

Ainsi donc le *nauticum fœnus* était le prix de l'aléa, le *periculi pretium.* C'est ce qu'explique la loi 5, Dig., dont il est utile de rapporter le texte.

25. « Periculi pretium est, et si conditione pœnali non exis-
» tente, recepturus sis quod dederis, et insuper aliquid præter
» pecuniam, si modo in aleæ speciem non cadat, veluti ea, ex
» quibus conditiones nasci solent, ut, si non manumittas, si non
» illud facias, si non convaluero, et cætera ; nec dubitabis : si
» piscatori erograturo in apparatum, plurimum pecuniæ dede-
» rim, ut, si cepisset, redderet ; athletæ unde se exhiberet exer-
» ceret que : ut, si vicisset, redderet. »

La traduction littérale de ce texte serait celle-ci : Il y a lieu à une prime de risques (*periculi pretium*), même en l'absence de toute condition ou clause pénale, dans tous les contrats où l'aléa n'existe pas ; ainsi, dans les conventions d'où naissent des conditions : je vous donne à condition que vous affranchirez..... de même il n'est pas douteux que je puisse à ce prix prêter de l'argent à un pêcheur, sous condition de me le rendre s'il fait une bonne pêche ; ou à un athlète, qui me le restituera, s'il sort victo-

(1) *Sent.,* lib. 2, tit. 14, § 3.
(2) Dumoulin, 102, *Contrats usuraires.*

rieux de la lutte. Ainsi traduite, cette loi nous paraît incompré-
hensible et contradictoire. Voici pourquoi.

Scévola, auteur de ce fragment, semble dire ou établir, qu'en
l'absence d'une clause pénale, il est possible d'obtenir une prime
plus élevée que les intérêts ordinaires. Mais cette faculté n'existerait pas dans les conventions aléatoires. Serait ce parce que
l'aléa est prohibé? Cette prohibition ne s'étend qu'à l'hypothèse
où il s'agit de jeu, et n'est pas applicable au cas où le résultat du
contrat est seulement subordonné à des événements accidentels
et fortuits. « Aliquando tamen et sine re venditio intelligitur,
» veluti cum quasi alea emitur; quod sit cùm captura piscium
» vel avium , vel missilium emitur. Emptio enim contrahitur
» etiam si nihil inciderit, quia spei emptio est. » Il faut donc
admettre que la présence de l'aléa ne peut empêcher le *pretii
periculum* d'exister, comme semblerait le dire le jurisconsulte
par cette phrase, *si modo in aleæ speciem non cadat*. D'ailleurs,
à la fin de la loi, Scévola cite un exemple où l'aléa existe et où il
reconnaît cependant qu'il y a lieu au *periculi pretium*. Enfin,
dernière contradiction, la prime des risques pourra être demandée,
est-il ajouté dans ce texte, lorsque la convention donnera par sa
nature naissance à une condition. Ainsi je vous donne, si vous
affranchissez. Qu'arrivera-t-il si la condition n est pas remplie?
Qu'on pourra réclamer la chose donnée, mais sans exiger rien
au-delà. Donc il n'y a pas lieu au *periculi pretium*.

Quelle est donc la véritable pensée de Scévola et comment la
loi 5 doit-elle s'interpréter?

Donneau a produit un commentaire qui est simplement la
paraphrase du texte. Il ne lève aucun doute et ne dissipe aucune
contradiction. Cujas, au contraire, propose une explication toute
naturelle à laquelle il faut s'en remettre. Le jurisconsulte, dit-il,
établit que le *nauticum fœnus* est le *pretium periculi*, et qu'on
peut recevoir plus que le capital prêté, *etsi conditione quamvis
pœnali non existente*.

Or, la négative a dû être transposée. Si elle portait sur le mot
existente, il en résulterait que le prêteur aurait le droit d'exiger
le profit maritime, même dans le cas où la condition sous laquelle

il est promis, ne serait pas remplie, ce qui est inadmissible. Il faut lire : *Etsi conditione quamvis non pœnali existente.* Le sens est alors facile à saisir : on peut, à bon droit, recevoir quelque chose en outre du capital, bien que ce ne soit pas le montant d'une clause pénale ; par exemple, une prime de risques.

Et alors que devient cette restriction : *Si modo in aleœ speciem non cadat?* Ce serait dire : les risques donnent lieu à une rémunération, pourvu que le contrat ne soit pas aléatoire. Contradiction impossible. Aussi, Cujas propose de lire, comme dans la Vulgate, *si modò in aliam speciem non cadat,* pourvu que la convention ne soit pas d'une nature différente (de celle du prêt maritime). Comme *veluti ea ex quibus conditiones nasci solent.* Ces expressions *conditiones nasci solent* éveillent les doutes du célèbre commentateur. Ainsi, dit Cujas, *conditio dicitur inscribi, imponi, inferri, dari, nunquam nasci.* C'est pourquoi il préfère lire *condictiones,* mot qui se trouve souvent pris pour *conditiones* (L. 56, Dig. lib. 12, tit. 6). Hottoman et Godefroy approuvent ce changement. En l'acceptant, il est permis de donner au fragment de Scévola sa portée véritable.

Le *pretii periculum* peut être dû dans tous les contrats comme compensation des risques, mais à la condition de limiter cet effet aux conventions aléatoires, sans l'étendre à celles qui donnent bien lieu à une condiction, mais où toute idée d'aléa est étrangère. Ainsi, je vous donne *si manumittas.* Le défaut d'accomplissement de cette condition me donnera le droit de réclamer le remboursement, mais *non insuper aliquid præter pecuniam.* La *condictio ob rem dati* m'est ouverte ; par elle je pourrai seulement répéter le capital fourni. Au contraire, je prête une somme à un pêcheur pour l'équipement de ses embarcations, et il est convenu que si la pêche est heureuse, il me rendra la somme prêtée et des intérêts élevés ; que si elle est malheureuse, je perdrai capital et intérêts : ici, comme le dit Scévola, *periculi pretium est,* il y a lieu à une prime de risques. Or, dans le prêt maritime, c'est le principe, il y a des risques, il y a lieu à un *pretium periculi.* Ce *pretium,* ce sont les intérêts dont le taux est laissé à la convention des parties.

24. Si donc il faut conclure avec Emerigon et Scévola (*Princip.*

huj. leg.), qu'en matière de contrats aléatoires et pour la *trajec-titia pecunia* en particulier les intérêts étaient le prix du péril, il est aisé de comprendre pourquoi les lois protectrices ne s'étendaient pas au prêt maritime; pourquoi il appartenait aux parties d'équilibrer, suivant leurs prévisions, les compensations des risques et d'en fixer arbitrairement la valeur, pourquoi, en un mot, on pouvait exiger un intérêt supérieur à l'*unciarium fœnus*? Puisque la convention des parties est libre sur ce point, il est hors de propos de rechercher ce qu'était cet *unciarium fœnus* et de comparer à cet égard les savantes recherches des Cujas, Paul Manuce, Sigonius, Saumaise, Dumoulin, Pothier, et de nos jours Niebuhr, dont le système paraît rattacher toutes les opinions.

La liberté la plus entière dura ainsi jusqu'à l'époque de Justinien qui, en fixant un maximum aux intérêts maritimes, frappa le commerce qu'il croyait protéger. On se rend compte des prohibitions de la loi des Douze Tables, tout comme on peut accepter les considérations qu'invoquent les protectionnistes modernes pour repousser la liberté de l'intérêt. Que des nécessités juridiques inspirent la réglementation d'un contrat, on le comprend ; que des considérations d'équité imposent une détermination légale ou un maximum à l'intérêt de prêts d'argent, opérés dans des conditions normales, on peut le concéder et blâmer cependant l'innovation de Justinien. Il veut, en effet, saisir ce qui est insaisissable, ramener à une règle unique des combinaisons multiples et infinies. La statistique, qui de nos jours est arrivée à un grand développement, pourrait à peine fournir les éléments d'une fixation dans le profit maritime; sur quelles bases, à cette époque, s'appuyait donc ce taux légal?

Les parties sont les meilleurs juges du prix de l'aléa, qui doit différer avec le temps et le lieu des voyages, avec la nature de l'objet affecté au prêt, avec la solvabilité et le caractère de l'emprunteur. Une règle unique, pour des situations si diverses, pour des opérations commerciales si différentes, devait frapper les transactions. Le commerce surtout a besoin d'une sage liberté.

Certains jurisconsultes n'ont pas voulu croire que Justinien eût limité le taux du *nauticum fœnus*. Ainsi, Dumoulin (1) dit que la Loi 26, au Code, ne concernait que les temps de la navigation ordinaire où le péril était léger; mais que, lorsqu'il s'agit d'un péril considérable, il faut s'en tenir à la loi *periculi pretium*. Emerigon pense de même que la loi de Justinien n'est applicable qu'à l'argent *trajectice* dont les risques n'étaient pas à la charge du créancier. Mais ces opinions, qui font honneur aux idées économiques de ceux qui les professent, viennent se heurter au texte trop précis qui changea, sur ce point, la législation des Romains.

Justinien, dans la Loi 26 Cod., liv. 4, tit. 32, fixe le maximum des intérêts ordinaires, suivant certaines distinctions de classes et de personnes. Il s'exprime, de la manière suivante, à l'égard des intérêts maritimes : « In trajectitiis autem contractibus, vel » specierum fœnori dationibus, usque ad centesimum tantum- » modo licere stipulari, nec eam excedere, licet veteribus legibus » hoc erat concessum. » Cette *centesima usura* qui était dès lors le maximum du profit maritime, n'était spécialement permise que dans le prêt à la grosse. Les autres passages du même texte prouvent que, dans tout autre contrat, les intérêts étaient moins élevés.

25. Mais, que faut-il entendre par la *centesima usura*? C'est sans doute un centième du capital payable à échéances fixes. Il est bien certain, dit Donneau, que ce mot *centesima* exprime un intérêt qui est du centième du capital. Mais ce centième peut être dû par an, par mois, par jour. Or, il était d'usage de servir l'intérêt aux calendes de chaque mois (ce qui, en suivant ce calcul, porterait l'intérêt à 12 p. % par an). En effet, l'esclave préposé aux recouvrements et à la perception des revenus, était appelé *Calendario præpositus*. « Ejus, qui in provinciam Stichum servum calendario præposuerat » (2).

Horace nous dépeint les tourments des débiteurs obérés, se renouvelant toujours au retour des calendes.

(1) *Contrats usuraires*, n° 91.
(2) L. 41, lib. 12, tit. 1, Dig.

Odisti et fugis, ut Rusonem debitor æris
Qui, nisi, quum tristes misero venere calendæ
Mercedem aut nummos unde extricat, amaras
Porrecto jugulo historias, captivus ut, audit (1).

Tout cela prouve surabondamment que les intérêts se payaient au retour des calendes.

Suivant un interprète du Code théodosien, la *centesima usura* serait celle qui donne trois siliques par an pour chaque solide. Cént solides rapporteraient à ce taux trois cents siliques, ou (chaque solide valant vingt-quatre siliques) douze solides et demi, c'est-à-dire douze et demi pour cent. La différence entre ce mode de compter et le précédent serait donc d'un demi pour cent ; de telle sorte qu'en ayant droit à la *centesima usura*, on percevait tout au moins 12 p. % d'intérêts.

26. Justinien, afin d'assurer l'exécution de cette loi, déclare que toute action sera refusée, qui tendrait à demander l'excédant de l'intérêt légitime. Tout paiement supérieur au taux légal sera imputé sur le capital. Si on fait, au moment de la numération des espèces, une retenue quelconque a été opérée, à titre de sportules ou siliques, le montant de la dette sera diminué d'autant , et l'intérêt ne se calculera que sur la somme effectivement reçue.

L'histoire du droit commercial démontre à chaque page combien le commerce a toujours été habile à s'affranchir des entraves d'une législation qui n'est pas en harmonie avec ses besoins progressifs. Il ne faudrait pas davantage pour en témoigner que l'usage introduit par les commerçants de cette époque. On ne pouvait, dans la *trajectitia pecunia*, légalement exiger que la *centesima usura*. Mais alors les prêteurs chargeaient le navire d'autant de *media* d'orge ou de froment qu'ils avaient prêté de solides, et l'emprunteur devait payer au fisc les droits établis sur ces denrées. Par ce moyen, on arrivait à percevoir d'abord l'intérêt légal, et ensuite le bénéfice de l'acquittement des droits fiscaux sur une grande quantité de marchandises. Et, pour augmenter encore le profit maritime, il était entendu que l'intérêt serait payé, non à

(1) Horat, *op. Sat.* 3, lib. 1.

raison d'un temps déterminé, mais à raison d'un voyage. Or, à cette époque, où la navigation était difficile et beaucoup moins avancée que de nos jours, le plus grand nombre des voyages durait moins d'une année.

Ces usages devinrent si généraux qu'on fut obligé de les consacrer législativement. C'est l'objet de la Novelle 106, qui cependant, malgré son utilité et bien qu'en harmonie avec les besoins commerciaux, fut abrogée, sous l'empire d'autres influences (Novelle 110). Depuis cette dernière époque, le *nauticum fœnus* continua d'être régi par la loi 26, *De usuris*, c'est-à-dire qu'il ne devait pas excéder 12 p. % par an.

27. En matière d'intérêts, une dernière particularité distingue le prêt à la grosse du contrat de *mutuum* ordinaire, c'est qu'un simple pacte suffit à les faire courir, et qu'il n'est pas besoin des formalités de la stipulation. Cette exception est, comme nous avons eu occasion de le dire plus haut, applicable au prêt de denrées :
« Oleo quidem, dit l'empereur Philippe, vel quibuscumque fruc-
» tibus mutuo datis incerti pretii ratio additamenta usurarum
» ejusdem materiæ suasit admitti. »

Les textes ne sont pas moins explicites à l'égard des intérêts du prêt maritime. Nous lisons, en effet, au § 1er, Fr. 3, l. *De naut. fœn·*
« In his autem omnibus et pactum sine stipulatione ad augendam
» obligationem prodest. » On se souvient que, dans cette loi, il est question de divers contrats dans lesquels l'*alea* joue un rôle et où les risques sont déplacés par la volonté des parties. La règle qu'un simple pacte suffit pour faire courir les intérêts est encore plus clairement exprimée dans ce passage : « In quibusdam con-
» tractibus etiam usuræ debentur quemadmodum per stipulatio-
» nem hanc si dedero decem trajectitia, ut salva nave sortem
» cum usuris certis recipiam, dicendum est posse me sortem cum
» usuris recipere » (L. 7, *h. t.*).

Cette dérogation est donc justifiée par la nature du contrat et les facilités dont le législateur doit l'entourer.

28. Ici se termine l'examen des règles fondamentales qui régissent le contrat *trajectitiæ pecuniæ*. Nous avons d'abord étudié les risques, et puis les compensations, qui sont : l'intérêt maritime,

représentant le *periculi pretium*, et pouvant, dès lors, s'élever sans limites ; la facilité de faire courir cet intérêt par un simple pacte.

Après les règles générales, il y a lieu d'examiner quelques clauses qui accompagnent ce contrat, mais que les parties peuvent ajouter ou retrancher, suivant leur gré.

CHAPITRE IV.

DES STIPULATIONS QU'ON AVAIT COUTUME D'AJOUTER AU CONTRAT DE PRÊT MARITIME.

29. Le prêteur à la grosse, nous l'avons dit souvent, se charge des risques, tantôt pour l'aller et retour, tantôt pour un temps déterminé. Dans cette dernière hypothèse, l'argent devait être remboursé et le *pretium periculi* payé à l'expiration du délai convenu. Le recouvrement devenait difficile à cette date, si l'emprunteur prolongeait son voyage ; car les communications étaient difficiles et la lettre de change inconnue : c'est pour obvier à cet inconvénient, que l'usage s'était introduit de faire suivre, sur le vaisseau de l'emprunteur, un esclave du prêteur, qui recevait, à l'échéance, les deniers dûs à son maître.

Le rôle de l'esclave *trajectitiæ pecuniæ gratia secuti*, était ordinairement borné à ce mandat. Cependant, le maître pouvait lui donner des pouvoirs plus étendus, lui permettre, par exemple, d'augmenter le temps de la navigation. Cette faculté devait lui être expressément accordée ; à défaut d'un pouvoir spécial, la volonté de l'esclave était impuissante à changer les termes du contrat. Nous l'avons vu plus haut, en expliquant la loi 122, Dig. § 1er, *De verb. oblig.*

30. Comme garantie du paiement que l'esclave devait recevoir à une époque fatale, on convenait d'une peine due à raison de la demeure. Si cette précaution ne paraissait pas suffisante, on stipu-

lait une autre indemnité, due par chaque jour de retard, et destinée à rémunérer le maître de la privation du travail de l'esclave,
que retenait la négligence du débiteur. Cette double stipulation
est mentionnée dans la loi 4, § 1, *h. t.* : « Pro operis servi trajec-
» titiæ pecuniæ gratia secuti, quod in singulos dies in stipulatum
» deductum est, ad finem centesimæ, non ultra duplum debetur.
» In stipulatione fœnoris post diem periculi separatim interposita,
» quod in eâ legitimæ usuræ decrit, per alteram stipulationem
» operarum supplebitur. » Cette clause pénale était fréquente et
habituelle, ainsi que nous l'attestent les deux fragments qui suivent : « Si trajectitiæ pecuniæ pœna, uti solet, promissa est »
(L. 7, *h. t.*). « Trajectitiæ pecuniæ nomine, si ad diem soluta
» non esset pœna, uti adsolet, ob operas ejus qui eam pecuniam
» péteret » (L. 23, Dig. lib. 44, tit. 7, *De oblig. et act.*).

En même temps que la loi 4 de notre titre nous apprend quelles
sont les stipulations qui accompagnent le *nauticum fœnus*, elle
indique qu'il s'agit ici de véritables intérêts et qu'ils ne peuvent
dépasser le taux légal. La raison en est facile à saisir. Ici plus de
risques pour le créancier, plus de *nauticum fœnus*, plus de droits
exceptionnels. Qu'il ait stipulé une peine pour le retard du paiement, une certaine somme pour chacun des jours de la demeure
du débiteur, en compensation des services de l'esclave dont il est
privé, l'indemnité ne peut s'élever, même avant Justinien, au
delà de la *centesima usura* (L. 4, h. t.). C'est d'ailleurs le droit
commun. « Pœnam pro usuris supra modum usurarum licitum
» nemo potest (1). »

51. De cette règle de droit commun que les intérêts stipulés à
titre de retard ont un caractère pénal, et que, d'un autre côté, le
montant de la clause pénale ne peut s'élever au delà du taux légal
(L. 44, *supra*), faut-il conclure que la quotité de la peine se
calculera sur la *trajectitia pecunia* seulement non augmentée du
nauticum fœnus ? C'est la conclusion de Pothier. Le profit maritime, dit-il, étant un accessoire et une espèce d'intérêt de la
somme prêtée, on ne pouvait en demander l'intérêt sans enfreindre

(1) L. 44. Dig. lib. 22, tit. 1, *De usuris.*

es lois qui prohiboient l'anatocisme. C'est aussi l'opinion de Donneau. «Quamvis nautica usura sit, licueritque vel maximas » usuras olim propter periculi pretium stipulari, non tamen aut » usura usurarum, aut ultra duplum exigi potest. »

On objecte bien que le profit maritime n'est pas un intérêt ordinaire, que le créancier doit compter sur son recouvrement comme sur celui du capital, et que dès lors on ne voit pas pourquoi l'indemnité accordée d'un côté serait refusée de l'autre. On développe ces arguments sous une autre forme. L'indemnité ici poursuivie, dit-on, est une peine : or la peine doit être proportionnée au dommage. Or, le préjudice résulte aussi bien du nonpaiement du profit maritime que du capital prêté. Donc ces deux bases doivent servir au calcul de l'indemnité : ces raisons seraient excellentes pour combattre les lois prohibitives de l'anatocisme, mais elles ne justifient en aucune façon l'exception qu'elles ont pour but de légitimer. Nous croyons pour ce motif devoir nous ranger à l'opinion de Donneau et de Pothier.

52. Il est de principe que si l'addition des intérêts successivement payés à partir de l'échéance d'une dette arrive à parfaire le double du capital, ils cessent de courir. L'application de cette règle doit s'étendre au paiement des intérêts dus en vertu de clauses pénales. C'est ce qu'explique ce passage de la loi 4 h. t. citée plus haut « Quod in singulos dies in stipulatum deductum est, » ad finem centesimæ non ultra duplum debetur. »

53. La disposition qui permet de donner naissance à l'*usura nautica* sans le secours d'une stipulation, est exceptionnelle ; on ne saurait donc, en l'absence d'un texte, l'étendre aux intérêts dus à titre de peine. Sans doute il est bizarre que, dans la même opération juridique, une stipulation soit nécessaire pour les intérêts d'une certaine nature, inutile pour d'autres. Mais si un simple pacte eût été suffisant pour la clause pénale, comme pour le *nauticum fœnus*, les jurisconsultes n'auraient pas manqué de l'indiquer, tandis que nous les voyons, à propos du point qui nous occupe, employer le mot spécial de *stipulatio*. Ainsi Papinien dit dans la loi 4, § 1 h. t. : « In stipulatum deductum... In stipulatione fœnoris... Per alteram stipulationem... Pœna in stipulationem

deducta erat (L. 23, Africain, *de oblig. et act.*). Il est donc certain qu'une stipulation était nécessaire pour faire courir les intérêts moratoires.

54. A partir de quelle époque ces intérêts moratoires étaient-ils dus ? Dans quels cas la demeure était-elle encourue ?

Les jurisconsultes romains étaient divisés sur cette question. D'après les uns, le silence du créancier s'interprétait contre lui ; et tant que le débiteur n'était pas sommé ou interpellé, les intérêts moratoires ne couraient pas. Seulement, l'interpellation devenait inutile, si le débiteur se cachait pour s'y soustraire ; sa fuite suppléait à la sommation et le créancier n'avait qu'à la faire constater. « Labeo ait : si nemo sit qui a parte promissoris inter- » pellari trajectitiæ pecuniæ possit, id ipsum testatione complecti » debere, ut pro petitione id cederet » (L. 2 h. t.). Cette déclaration par témoins suffisait pour faire courir la peine, alors même que le débiteur ne fût pas en faute. Si, par exemple, il était décédé à l'échéance, laissant sa succession vacante, la déclaration devant témoins devait avoir lieu, et les choses se passaient comme si le défunt eût laissé un héritier (L. 9, h. t.). Telle était l'opinion professée par l'école des Proculiens.

Celle des Sabiniens, au contraire, contestait l'utilité de l'interpellation : « Dies interpellat pro homine, » voilà la règle. La convention porte que la peine sera encourue à l'échéance de la dette faute de paiement. Pourquoi une sommation ? L'esprit du débiteur doit être tenu en éveil. C'est ce que dit Africain : « Pœnam peti » posse, etiam si omnino interpellatus non esset » (L. 23, *de oblig. et act.*). Ce principe est généralisé par Papinien (L. 9, § 1, *de usuris*) : « Usurarum stipulatio, quamvis debitor non conveniatur, com- » mittitur. » Cette dernière opinion fut consacrée par Justinien : « Sciat minime se posse debitor ad evitandam pœnam adjicere, » quod nullus eum admonuit ; sed etiam citra ullam admonitio- » nem eidem pœnæ pro stipulationis tenore fuit obnoxius : cum » ea quæ promisit, ipse in memoriâ suâ servare, non ab aliis » sibi manifestari debeat poscere » (L. 12, *Cod. de cont. et comm. stip.*)

Mais un point admis par toutes les écoles des jurisconsultes, c'est que l'indemnité n'était pas due au créancier si c'était par sa faute que le paiement n'avait pas lieu. « Pecuniæ trajectitiæ » pœnam peti non posse, si per creditorem stetisset quominus » eam intra certum tempus præstitutum accipiat. (Servius et Ulpien, L. 8, h. t.) »

CHAPITRE V.

DES MOYENS QU'AVAIT LE PRÊTEUR A LA GROSSE POUR ASSURER LE PAIEMENT DE CE QUI LUI ÉTAIT DU EN CAS D'HEUREUSE NAVIGATION.

58. En dehors des moyens de droit commun ouverts à tout créancier, le prêteur à la grosse pouvait invoquer certaines garanties spéciales. Ainsi, nous lisons à la Loi 26 « *de reb. auct. jud.* » qui in navem exstruendam vel instruendam vel etiam emen- » dam credidit privilegium habet, » et a la Loi 34, *cod. tit.* quod « qui navis fabricandæ, vel emendæ, vel armandæ vel instruendæ » causa, vel quoquo modo crediderit, vel ob navem venditam petat, » habet privilegium post fiscum.» Le prêteur à la grosse avait donc un privilége, un droit de préférence naissant de la qualité de sa créance. On considérait, en effet, les prêteurs à la grosse comme dignes de certaines prérogatives; on les affranchissait des lois sur l'usure et on leur donnait un privilége. Des raisons d'ordre public commandaient cet encouragement donné au commerce maritime, *ad summam Rempublicam navium exercitio pertinet.*

Il ne faudrait pas, toutefois, se faire une fausse idée de ce privilége qui n'avait pas à Rome le caractère que lui a imprimé notre législation. La créance privilégiée ne changeait pas de nature, elle passait seulement avant celles de la même classe. Si donc à cette cause de préférence ne venait pas se joindre une hypothèque, le créancier privilégié était primé par les créanciers hypothécaires et ne primait lui-même que les créanciers chirogra-

phaires. « Eos qui acceperunt pignora, cùm in rem actionem
» habeant, privilegiis omnibus, quæ personalibus actionibus
» competunt, præferri constat. » (L. 9, Cod. liv. 8, tit. 18).
En résumé, le privilége avait pour objet d'établir un droit de préférence dans chaque classe de créanciers, mais ne faisait jamais
sortir un créancier de sa classe.

On a contesté l'application de cette règle aux droits du prêteur à la grosse, et des commentateurs ont soutenu qu'il pouvait se
prévaloir d'une hypothèque tacite privilégiée qui le rendait dès
lors préférable aux autres créanciers hypothécaires. Accurse argu-
mente en ce sens du Frag. 1, *in quib. cons. pig. vel. hyp.* : « Sena-
» tusconsulto, quod sub Marco imperatore factum est, pignus
» insulæ creditori datum, qui pecuniam ob restitutionem ædificii
» exstruendi mutuam dedit, ad cum quoque pertinebit, qui
» redemptori, domino mandante, nummos ministravit. » Une
hypothèque tacite semble accordée par ce texte aux prêteurs de
deniers destinés à la reconstruction d'une maison. Or, celui qui
avance des fonds pour réparer, acheter ou équiper un navire, ne
mérite-t-il pas la même faveur ?

Que le législateur dût prendre en considération cette grande
analogie, c'est ce qui nous paraît manifeste ; mais qu'en fait il
l'ait voulu, rien ne le démontre, et c'en serait assez, d'après nous,
pour repousser l'opinion d'Accurse et ne pas étendre à un cas
imprévu un droit exceptionnel. Mais ce n'est pas tout. Est-il bien
certain, quoi qu'en pensent Accurse, Donneau et Cujas, qu'une
hypothèque tacite ait été accordée au prêteur de deniers destinés
à la reconstruction d'une maison ? Lisons le Frag. 24, § 1, *de reb.
auct. jud.* Divus Marcus ista edixit : « Creditor qui ob restitutio-
» nem ædificiorum crediderit, in pecunia quæ credita est, privi-
» legium exigendi habebit. »

Ce texte doit faire foi, puisque les termes de l'édit y sont rapportés. Il n'y est question que de *privilegium* et non de *pignus*,
comme dans le fragment 1, *in quib. caus.*, où cette expression doit
s'être glissée par erreur. Si cette interpolation est réelle, la difficulté s'évanouit, le prêteur de deniers pour la construction d'une
maison n'a pas d'hypothèque tacite ; il n'a qu'un privilége, comme

le prêteur à la grosse, qui n'est donc pas traité plus défavorable-
ment.

36. Mais la convention apportait d'habitude les garanties qu'on
cherche vainement dans la loi. Il était entré dans l'usage d'ajouter
au contrat *trajectitiæ pecuniæ* une clause par laquelle on grevait
d'hypothèque les marchandises placées sur le navire ou le navire
lui-même, ou l'un et l'autre objets. C'est ce qu'atteste la Loi 122,
§ 1, *de verb. oblig.*, déjà étudiée. Le frag. 4, h. t., « Nec pignora
» vel hypothecæ titulo, etc., etc. » Le frag. 6, h. t., « Quasdam
» merces pignore accepit. »

Enfin, et comme dernière garantie, nous voyons qu'en Grèce,
comme le dit Démosthène (et cet usage devait s'être introduit à
Rome), le prêteur stipulait ordinairement que la valeur des choses
affectées serait double du montant du capital prêté. Une dette trop
considérable et au-dessus des forces de l'emprunteur ne l'intéres-
sait pas assez à la conservation du navire.

Si plusieurs créanciers avaient pris hypothèque sur le vaisseau
ou les marchandises, le rang se réglait entre eux par la date du
contrat. Ici, le *privilegium* pouvait être utile et ramené à effet.
Mais entre plusieurs prêteurs à la grosse, la préférence devait être
accordée à celui dont l'argent avait servi à sauver le gage des
autres. Ainsi, la position du second prêteur pendant le voyage
sera préférable à celle du premier ; celle d'un prêteur à la grosse
serait préférable aussi à celle d'un créancier dont l'hypothèque
résulterait d'une créance moins favorable. « Interdùm posterior
» potior est priore, ut puta, si in rem illam conservandam impén-
» sum est quod sequens credidit, veluti si navis fuit obligata et ad
» illam armandam vel reficiendam ego credidero (L. 5, *qui pot.*,
lib. 20). (Voir dans le même sens, la Loi 6, *cod. tit.*). L'hypothèque garantissait le paiement des intérêts aussi bien que du
capital.

Ces sûretés ne devaient gêner en rien la liberté de l'emprunteur.
Si le prêt était fait pour l'aller et le retour, les marchandises pouvaient être vendues au port de destination, on leur substituait les
marchandises de retour sur lesquelles l'hypothèque était trans-
portée. Si le prêt n'était consenti que pour l'aller, le prêteur exer-

çait ses droits au port de destination par l'entremise de l'esclave *trajectitiæ pecuniæ gratia secuti.* Il va sans dire que les parties pouvaient convenir d'une hypothèque portant sur des objets autres que le navire et les marchandises; mais elle s'évanouissait si le naufrage avait lieu pendant que les risques couraient pour le prêteur.

CHAPITRE VI.

DES ACTIONS QUI APPARTENAIENT AU PRÊTEUR A LA GROSSE.

57. Nous avons cherché et reconnu dans le contrat *pecuniæ trajectitiæ* l'existence d'un véritable *mutuum.* Sans revenir sur cette controverse, il n'est pas hors de propos de signaler ici l'opinion de M. de Savigny. « Dans ce contrat, dit-il, la forme du prêt n'est qu'une apparence tout extérieure ; en réalité, on donnait une somme avec chance de perte, et l'autre partie promettait une somme supérieure dans le cas où la perte n'aurait pas lieu. Cette convention rentrait dans la classe des contrats innommés, donnant lieu à l'action *præscriptis verbis* (t. 6, n° 268, note *m*). Mais comment accepter cette solution et faire rentrer dans la classe des contrats innommés le *nauticum fœnus,* dont les effets sont connus et que les textes analysent par ces mots : *mutuam pecuniam dando?* Non, il faut voir ici, et nous persistons dans cette croyance, un *mutuum* d'une nature particulière qui emporte au profit du prêteur l'action qui découle du *mutuum,* c'est-à-dire la *condictio certi,* avec cette circonstance notable, que le capital et le profit maritime pourront être réclamés par cette voie. Seulement on agira par la *condictio incerti* pour les intérêts, si la quotité n'en a pas été fixée par le contrat, s'ils sont dus, par exemple, à concurrence du temps couru.

58. Les Romains ne tenaient pas le commerce en honneur;

mais, sans s'y livrer personnellement, ils en recherchaient les bénéfices. Pour cela, ils préposaient un esclave à leurs affaires ou aux spéculations maritimes, de telle sorte que les emprunteurs à la grosse étaient ordinairement des personnes *alieni juris*. Comment le *creditor trajectitiæ pecuniæ* pouvait-il s'y prendre pour rentrer dans ses fonds? L'esclave n'obligeait pas le maître, et le droit civil n'ouvrait aucune action contre ce dernier. Mais par une institution prétorienne, une action indirecte fut créée, qui n'était qu'une forme nouvelle de l'action existant selon le droit civil. Dans le cas qui nous occupe, elle s'appelait exercitoire.

L'action exercitoire a lieu, dit M. Demangeat, lorsque une personne ayant préposé son esclave à la conduite d'un navire, un tiers a traité avec l'esclave en sa qualité de *magister navis* : l'action est dite exercitoire, parce qu'on appelle *exercitor* celui à qui revient le produit journalier du navire. L'esclave, *magister navis*, pouvait-il emprunter à la grosse ? Oui, pourvu qu'il agit dans les limites du pouvoir qu'il a reçu « Non autem ex omni causa » prætor dat in exercitorem actionem, sed ejus rei nomine cujus » ibi præpositus fuerit, ut puta : Si quid reficiendæ navis causa » contractum vel impensum est. » Si l'emploi de la somme empruntée doit rentrer dans les attributions du *magister navis*, l'armateur sera tenu, quand bien même l'esclave aurait diverti les fonds prêtés. C'est à lui à s'imputer la faute d'un tel choix. « Si » hac lege acceperit quasi in navem impensurus, mox mutavit » voluntatem, teneri exercitorem imputaturum sibi, cur talem » præposuerit. »

S'il y avait plusieurs préposants, l'action était donnée *in solidum* contre chacun d'eux. « Si plures in navem exerceant cum quo- » libet eorum in solidum agi potest » (Fr. 1, § 25, *de ex. act.*). Dans tous ces cas, la responsabilité du maître est engagée, parce que ceux qui traitent avec le préposé ont suivi la foi de l'*exercitor*.

Mais, en supposant que l'esclave agisse *sine voluntate domini*, non plus comme préposé, mais pour son propre compte, le préteur n'aurait plus l'action exercitoire , mais seulement l'action *de peculio*. Par cette action, il ne pouvait arriver à se faire payer que jusqu'à concurrence du pécule de l'esclave. Si cependant le maître avait retiré quelque profit de cette opération, le prêteur avait un recours dans l'action *de in rem verso.*

59. Il nous reste à dire, en terminant, comment le créancier pouvait déjouer le mauvais vouloir d'un débiteur qui avait promis de payer en un lieu déterminé et qui s'en éloignait sciemment. Les principes du droit civil n'auraient pas permis au prêteur d'assigner le débiteur en tout autre endroit; mais l'action *de eo quod certo loco* fut introduite pour permettre d'attaquer en justice, là où on le rencontrait, le débiteur en retard. Cette action donnait au prêteur à la grosse la faculté d'obtenir le capital, le profit maritime et des intérêts fort élevés comme indemnité. C'est ce que dit le Fr. 2, § 8, lib. 15, *de eo quod certo loco.* « Quid enim si trajec-
» titiam pecuniam dederit, Ephesi recepturus, ubi sub pœna
» debebat pecuniam, vel sub pignoribus, et distracta pignora sunt
» vel pœna commissa mora tua, vel fisco aliquid debebatur, et
» res stipulatoris vilissima distracta est. In hanc arbitrariam quod
» interfuit veniet, et quidem ultra legitimum modum usurarum. »

APERÇU HISTORIQUE

SUR L'ORIGINE ET LE DÉVELOPPEMENT

DU CONTRAT D'ASSURANCE.

***

40. La pratique du prêt à la grosse suffisait aux nécessités commerciales des anciens. On sait que le commerce, tenu en mépris à Rome, était abandonné aux esclaves et aux affranchis ; or, les combinaisons du contrat *trajectitiœ pecuniœ*, offraient à ceux-là tous les avantages ; elles venaient en aide à la fois à la faiblesse de leurs ressources et à la hardiesse de leurs expéditions. D'un côté ils y trouvaient les avances indispensables à leurs entreprises, la garantie la plus complète ; d'autre part, le paiement d'un intérêt très élevé ne devait pas les arrêter puisqu'il n'était dû, comme celui de la somme principale, qu'au cas d'heureuse arrivée, et qu'alors les bénéfices ordinaires du trafic maritime le rendaient facile. Toutes avances et garantie étrangères étaient au contraire inutiles aux riches patriciens, qui, plus soucieux de leur fortune que d'une dignité de convention, bravaient le préjugé. Possesseurs de capitaux, pourquoi auraient-ils eu recours à une bourse étrangère ? Pourquoi n'auraient-ils pas préféré courir des risques relativement insensibles que diminuer leurs bénéfices par le service de gros intérêts ?

Voilà à nos yeux la cause qui explique l'ignorance à cette époque d'un contrat qui, de nos jours, est près d'atteindre l'apogée du développement. Et ce n'est pas, comme semble le croire M. Pardessus (t. 5, p. 551), que les anciens n'eussent pas poussé

assez loin l'étude des sciences pour asseoir sur le calcul des probabilités la base d'une théorie sérieuse en matière d'assurance. Non
encore une fois, le besoin des assurances ne se faisait pas sentir,
là où le prêt à la grosse offrait des avantages plus considérables et
à une époque où la navigation entreprise à des moments déterminés, était circonscrite dans un rayon plus restreint.

41. Sous l'influence de l'invasion des Barbares, le commerce
est anéanti : « Bientôt il n'y eut presque plus de commerce en
» Europe ; la noblesse qui régnait partout ne s'en mettait point
» en peine. » Ce jugement de Montesquieu sur la première partie du moyen-âge est si conforme à toutes les données historiques
et nous paraît si bien résumer ce temps, que nous nous croyons
dispensés de toute investigation dans ce passé lointain et obscur.
Aussi marchant à grands pas, nous ne ferons qu'interroger d'une
manière rapide les recueils qui ont survécu à la fin de cette époque. Nous arriverons ainsi à la première ordonnance qui s'occupe
de notre matière et dont la date est à peu près celle du commencement de l'histoire moderne.

Le prêt à la grosse continua, comme sous l'empire du droit
romain, à être pratiqué par les commerçants. Mais tandis que les
lois maritimes de Rome avaient servi de règle pendant des siècles,
la coutume commerciale finit vers le xe ou xie siècle par leur substituer des usages particuliers. Les rôles d'Oloron, rédigés en France
et dont les décisions étaient suivies sur l'Océan, servirent sans doute
de fondement aux célèbres lois de Wisby qui réglaient le commerce de la Baltique, et qui, ainsi transformées, furent traduites
et usitées en France, sans s'apercevoir, dit M. Pardessus, qu'on
réempruntait ce qu'on avait prêté. Mais rien dans ces recueils
ne fait encore pressentir le contrat d'assurances.

Si l'Océan et la mer du Nord avaient ainsi leur code, le commerce de la Méditerranée ne tarda pas à avoir le sien. Le consulat de la mer, rédigé, dit-on, par ordre d'un roi d'Aragon
(Targa, cap. 96, *de assec.*), contenait une compendieuse théorie
du contrat à la grosse. Sans renfermer au reste un élément quelconque qui y constate l'existence des assurances maritimes, on y
trouve avec de la bonne volonté, le germe d'un besoin et d'un

esprit nouveaux. C'est à propos de la contribution en matière
d'avaries.

Le Consulat de la mer dit qu'il y a lieu à contribution, et cela
de droit commun, au cas de grosse avarie ; mais que la contribution, en matière d'avarie simple, peut dériver d'une convention
entre les chargeurs. Vue favorablement, cette convention, appelée
germinamento, est-elle le premier symptôme de l'assurance
mutuelle ? N'est-elle pas plutôt une simple modification des règles
ordinaires sur la contribution au cas d'avaries ? Rien jusqu'ici ne
nous indique l'origine, la pratique, le nom même de l'assurance.

Est-il présumable que le témoignage de la Chronique de Flandre soit sincère, quand il parle d'une chambre d'assurances
constituée à Bruges, par le comte de ce pays, au commencement
du quatorzième siècle ? M. Pardessus ne le pense pas (t. I, p. 525).
La Chronique, dit-il, n'a pas été écrite par un contemporain,
mais par un auteur qui appartient au seizième siècle. Aucune
trace de l'existence de cette chambre ne se retrouve dans les usages maritimes du Pays-Bas ; et la première loi promulguée, en
Flandre, sur les assurances, ne remonte pas au-delà de l'année 1537.

Le passage d'une lettre du comte de Flandre, dit M. Bergson
(Histoire du contrat d'assurances, *Revue de droit français et
étranger*, t. II), portant la date du 25 juillet 1526, rappelle, en
quelque sorte, les récits de Tite-Live et de Suétone que nous avons
rapportés plus haut. « Le comte y recommande à ceux de ses
» sujets qui voudraient louer leurs navires aux Anglais, de les
» faire estimer d'avance, afin de pouvoir en recouvrer le prix en
» cas de perte arrivée par force majeure. Les Anglais, qui sem-
» blent avoir manqué à cette époque de navires, en allaient
» demander à leurs voisins, et s'engageaient à les restituer, soit en
» nature, soit en valeur. » Où voit-on quelque chose qui ressem-
» ble à l'assurance ? »

42. C'est une ordonnance de Barcelone qui nous offre le plus
ancien monument législatif sur les assurances. On la date en général de 1435 et il paraît démontré par don Antonio de Cap-

mauy (1), savant antiquaire espagnol, que c'est bien à cette époque qu'elle remonte. Mais si, dès 1435, on a pu créer une législation spéciale, pour un contrat dont aucun document antérieur ne démontre l'existence, il n'en est pas moins vrai que la pratique a dû précéder l'ordonnance, car les lois ne sortent pas du cerveau du législateur; elles ne s'inventent pas et sont d'autant meilleures qu'elles attendent, pour consacrer des usages, que l'expérience en ait démontré la nécessité. Les institutions naissent des besoins des sociétés, et il est aussi inopportun d'en précipiter la règlementation, qu'il serait téméraire d'en imposer la pratique. La preuve en serait bien facile à notre époque.

Il est donc certain que, dès le quatorzième, que même dès le treizième siècle, les assurances étaient usitées, bien qu'on ne rencontre aucun document législatif avant 1435. Comment avaient-elles pénétré dans les mœurs commerciales? Qui les y avait introduites?

45. Certains auteurs ont voulu faire honneur de plusieurs institutions commerciales aux Juifs du Moyen-Age, qui avaient bien, il faut le reconnaître, le génie du négoce. Ils leur attribuent aussi les assurances. Un passage de Cleirac semble justifier cette opinion : « Quand ces abominables retaillés, nous dit-il, furent, » pour leurs méfaits et leurs crimes exécrables, bannis de France, » et leurs biens confisqués, sous le règne des rois Philippe-» Auguste, Philippe-le-Long, etc., etc., pour retirer leurs meu-» bles et leurs effets, toujours à la juive, la méfiance leur inspira » quelques rudes commencements des brevets ou polices d'assu-» rance » (Cleirac, sur le *Guidon*).

Mais encore que cette indication soit dénuée de preuves, pourquoi attribuer à ces « abominables retaillés, » un contrat que nous trouvons dans son origine empreint à tel point d'un caractère religieux, qu'un commentateur nous en donne une formule commençant par ces mots : *Jesu, Maria*, et que dans le cours de son étude l'auteur examine : « An omissio invocationis Domini » nostri in instrumentis nostris vitiat instrumentum ; nomen

<hr>

(1) *Memorias historicas sobre la marina de Barcelonna.*

Domini quocumque invocandum (*Siraccha de assecur. pr.*). Ces témoignages sont donc trop fragiles et trop incertains pour affirmer que l'idée première du contrat d'assurance vient des Juifs. C'est dans les faits qu'il faut la chercher.

44. Le développement des républiques italiennes, le mouvement guerrier qui, sous la noble inspiration d'une pensée chrétienne, entraîna l'Europe vers l'Asie, et enfin la hardiesse et l'habileté des navigateurs plus expérimentés imprimèrent au commerce maritime un élan inconnu et une activité nouvelle : sous l'empire de ces influences, les armateurs, plus exposés aux coups du hasard, firent un usage journalier du prêt à la grosse, quand tout-à-coup l'Eglise frappa de proscription ce contrat en apparence usuraire.

Le mot de l'Evangile : *Mutuum dantes, nil inde sperantes*, avait fait défendre le prêt à intérêt. « Avec cette logique envahissante et inexorable, dit M. Bergson, qui caractérise tous les pouvoirs nouveaux, elle fouilla le système tout entier de contrats pour y retrouver le principe de l'usure ; le contrat à la grosse ne devait pas échapper à sa trop prévoyante vigilance. » (*loc. cit.*)

On s'était soustrait pendant quelque temps à l'application de ces lois prohibitives. On avait cru à la légitimité du contrat à la grosse, parce que l'intérêt peut y être considéré comme l'équivalent des risques, lorsque Grégoire IX condamna ces doutes par une décrétale lancée en 1237. « Navigati vel eunti ad nundinas certam » mutuam pecuniæ quantitatem, pro eo quod suscepit in se » periculum, recepturus aliquid ultra sortem, usurarius est » censendus. »

Le commerce maritime devait-il rester impuissant à franchir cette nouvelle barrière ? Il fallait ou la regarder comme vaine, ou tourner l'obstacle. Or, en ce temps-là, on respectait les décrétales ; il fallait donc trouver une solution qui ne pût tomber sous ses coups. Comment sauvegarder le contrat du reproche d'usure ? Là était le problème. Sans raconter les tâtonnements des auteurs, leurs scrupules, leurs systèmes divers, voici comment se trancha la difficulté.

On trouvait facilement dans le prêt deux objets : l'avance d'une somme d'argent pour laquelle il n'était pas permis de stipuler d'intérêt sans vicier le contrat, et la décharge des risques que le prêteur prenait à son compte pour un prix déterminé. Que cherchait-on surtout? La réparation d'un préjudice, d'une perte.

« La garantie des fortunes de mer, dit encore M. Bergson, était
» entrée dans les mœurs du commerce. Qu'y avait-il donc de plus
» naturel que d'ôter au contrat à la grosse la partie par laquelle
» il participait à la nature du prêt ; de substituer à l'avance la
» garantie d'un capital et de lui donner un caractère purement
» aléatoire ? » (loco citato). Cette garantie du capital, c'est l'assurance.

Le dédoublement du contrat à la grosse suggérait donc l'idée de transformer l'un de ses éléments. Le caractère usuraire et la prohibition disparaissent avec le prêt. Il ne reste qu'un spéculateur qui promet de désintéresser le commerçant sinistré, et ce dernier s'engage, en échange de cette garantie, à payer une certaine somme. La prime fut ainsi le prix des risques ou le prix d'une vente. L'assureur devint un vendeur et l'assuré un acheteur. La chose vendue fut la décharge des risques auxquels l'objet assuré était exposé.

Ces présomptions sont assez graves pour démontrer que l'invention du contrat d'assurance a été le résultat de la défense portée par l'Eglise contre le contrat à la grosse. Elles sont d'ailleurs confirmées par le rapprochement des dates. L'ordonnance de Barcelonne de 1435 est la plus ancienne qui nous soit parvenue, ainsi que nous l'avons dit. Elle fait supposer que la pratique des assurances s'était déjà généralisée. Son préambule dit même que déjà plusieurs textes de lois avaient paru sur la matière. « Como
» cho in tempo state fatte piu ordinazioni sopra le sicurta ma-
» ritime (1) » ; de telle sorte qu'on peut faire remonter l'usage des assurances au quatorzième siècle, vers l'an 1300. Or, la décrétale de Grégoire IX est de 1237 ; ce qui permet de fixer entre ces deux dates l'origine de cette institution.

Enfin les premiers auteurs qui ont traité de la matière, Santerna,

____

(1) Ordinazione sopra le sicurta mariterne apud Casaregis.

Straccha, Scaccia ont mis le plus grand soin à établir une ligne de démarcation entre l'assurance et le prêt à la grosse, à rechercher sur quelles bases et sur quels principes pouvait être assise la convention nouvelle. Ces précautions établissent le lien de filiation entre les deux contrats et la nécessité de prémunir l'assurance de l'accusation d'usure. Aussi s'accordait-on, en général, à régler les principes de la nouvelle institution par ceux de la vente. Ce qui n'a pas été sans influence sur les législations plus récentes.

C'est ainsi que peu à peu les assurances s'étaient introduites dans les usages du commerce quand parut l'ordonnance de 1435 ; il est même remarquable qu'elles s'appliquèrent dès l'origine aussi bien aux voyages sur terre qu'aux voyages sur mer. « Solent » quotidiè mercatores, dit Straccha (*de assecur.*, nº 44), mercium » sive mari, sive terra, transvehendarum et exportandarum, certo » convento pretio periculum sumere, et, ut vulgari in posterum » utar verbo, assecurationem facere. »

45. Une institution aussi avantageuse devait bientôt se répandre et se généraliser. Elle pénétra, en effet, dans tous les pays et devint partout l'objet d'une réglementation. Ainsi, en 1484, l'ordonnance de Barcelonne se modifie. L'Italie, dès 1468, avait, par diverses lois, réprimé quelques abus. Venise et Florence ne pouvaient résister à l'élan général. Gênes suivit le courant. La France, toujours stérile en initiative, mais toujours féconde en perfectionnement, trouva dans un édit de Charles V quelques améliorations.

A la même époque, l'institution se propage dans le Nord. Les Pays-Bas, secouant le joug de l'administration espagnole, font renaître les assurances un moment abolies par Philippe II. Quatorze ordonnances se succédèrent à Amsterdam jusqu'en 1699. Charles XI fait publier en Suède un Code maritime remarquable qui renferme un chapitre sur les assurances. L'Angleterre, dès 1601, inscrit dans ses statuts les règles du nouveau contrat. Notre pays résume, enfin, dans la célèbre ordonnance de 1681, les études et les expériences faites jusqu'à ce jour, et conserve cette législation jusqu'au remaniement général de nos lois. C'est ainsi que, dès le quinzième siècle, l'assurance maritime se rencontre partout, pour marcher ensuite de progrès en progrès.

46. A cette même époque, où trouvons-nous l'assurance terrestre, et quelle est son origine probable ?

C'est à l'Angleterre que revient l'honneur des premiers essais et des premières institutions de l'assurance contre les risques divers qui menacent et atteignent l'homme dans sa fortune. Un des auteurs, qui chez nos voisins de la Grande-Bretagne, se sont occupés de la matière, Samuel Marshall n'a pu constater à quelle époque précise commença l'assurance contre le feu. Mais il reconnaît, et tous les écrivains après lui, que la première société fondée pour ces sortes d'opérations s'établit à Londres, en 1681, sous le nom de : «Friendly society fire office.» Cette Compagnie, dit M. Alauzet, était à la fois à prime et mutuelle : « La masse des cotisations annuelles payées par les assurés, et les dépôts auxquels ils étaient astreints devaient couvrir les pertes. En cas d'insuffisance, toutefois, ils étaient tenus de contribuer proportionnellement jusqu'à concurrence de l'entière réparation des sinistres : si, au contraire, les dommages n'absorbaient pas la prime, les assurés avaient droit à un dividende. Cette institution réalisa donc un double progrès, l'assurance contre les risques terrestres et la mutualité. »

Quelques années après l'établissement de la première Compagnie d'assurances contre l'incendie, le génie anglais, profitant des recherches de Pascal et d'autres mathématiciens sur le calcul des probabilités, étendit aux assurances sur la vie le résultat de ces études scientifiques. Le premier essai fut tenté par Thomas Allen, archevêque de Cantorbéry, et quelques autres personnes qui, animées par des vues de bienfaisance, sollicitèrent de la reine Anne l'octroi d'une Charte, dans le but d'assurer par une société mutuelle des ressources aux héritiers de ceux qui seraient décédés dans l'année. Cette institution est de 1706 ; elle fut connue sous le nom de *Société amie*, et bientôt suivie d'autres associations du même genre.

47. Il nous reste à rechercher par suite de quels enchaînements les assurances s'étendirent des risques maritimes aux risques ter-

restres, si cette extension ne fut pas l'application de la même
idée?

A vrai dire, le problème n'est pas facile, et ce serait s'exposer
à une erreur, qu'en chercher la solution dans une cause unique
et absolue. Toute institution, nous l'avons dit, se lie à des besoins,
et ses besoins ont des origines multiples. Pour nous, cependant,
la vérité se trouve résumée dans cette seule phrase de M. Bergson :
le principe de l'assurance existait, il était facile d'étendre la
garantie des risques de mer à ceux qui menacent la propriété en
général. M. Alauzet ne scrute pas davantage. « La voie était
ouverte ; éliminer le hasard des désastres qui menacent tous nos
biens et tous nos intérêts, on y pouvait arriver par l'assurance
contre tous les risques. » Il faut compléter cette appréciation par
une remarque, c'est que l'assurance trouvait un sol bien préparé
dans tous les pays où les idées de solidarité étaient enracinées et
devait progresser davantage dans ceux où la propriété était
divisée.

48. Si l'extension de ce principe dut sa cause au développement
logique que nous venons d'indiquer, il est vraisemblable que le
mécanisme du système connu et pratiqué resta le même. Si donc
les assurances maritimes étaient à prime fixe, les assurances
terrestres ne durent pas tout d'abord revêtir le caractère de la
mutualité. Or, comment procédèrent les spéculateurs ou les premières compagnies qui vinrent, au moyen du nouveau contrat,
prendre la place des prêteurs à la grosse?

Ils s'inspirèrent de cette vérité, que les risques diminuent
d'autant plus que la division en est plus grande. Si un vaisseau,
dans un voyage déterminé, a quatre-vingt-dix-neuf chances sur
cent de ne point périr, il est certain que le hasard exerce encore
un grand empire sur sa destinée.

« Supposons que le propriétaire mieux avisé, dit M. Eugène
Raboul (1), auquel nous empruntons cette théorie, divise également
ment ses biens, partant ses risques, entre plusieurs vaisseaux ayant
tous la même chance d'être détruits, et admettons même que, pour

______

(1) *De l'assurance sur la vie.*

plus de sûreté, il les expédie successivement et par des routes différentes : voyons quel sera son sort.

Avec deux vaisseaux au lieu d'un, il donne prise au hasard deux fois pour une ; mais à chaque fois la prise est moindre de moitié, puisque chaque vaisseau ne porte que la moitié de sa fortune. Jusque là sa situation ne parait pas changée : une chance sur cent de perdre le tout, ou deux chances sur cent de perdre la moitié, il semble que cela revienne au même ; mais remarquons bien, et c'est ici que nous appelons toute l'attention, qu'il a maintenant cent fois plus de chances de ne pas être ruiné, car si le risque de perdre un vaisseau est un pour cent, le risque de les perdre tous les deux est cent fois moindre, c'est-à-dire un centième pour cent (1).

Son sort est donc amélioré, puisqu'en doublant les chances de perdre une moitié de sa fortune, il a centuplé celles de conserver l'autre moitié..... Avec dix, vingt, trente vaisseaux, au lieu d'un, il y a dix, vingt, trente..... chances sur cent, au lieu d'une, de perdre la dixième, la vingtième, la trentième partie de sa fortune ; mais il est de plus en plus sûr de ne pas perdre le reste, et sa ruine devient *physiquement* impossible.....

En résumé, plus le négociant divise ses risques, c'est-à-dire plus il multiplie le nombre des vaisseaux sur lesquels sa fortune est répartie, plus il approche de la certitude de n'en perdre que la centième partie. Arrivé à cette limite, on a supprimé la possibilité d'une grande perte pour la remplacer par la certitude d'une perte très petite : on a sacrifié une très petite partie pour sauver la presque totalité. Mais alors tout est sûr, ou mieux, tout est assuré, la perte et le reste, la part du fléau et la part de l'homme ; alors tout aléa cesse, la sécurité reste, et le hasard s'évanouit.

Cette division des risques fut ainsi pratiquée par les premiers assureurs au profit des assurés. Tout prouve que la forme de l'assurance à prime fixe fut par eux adoptée. Les premières ordon-

(1 Il faut admettre, comme démontré, ce point dominant dans le calcul des probabilités, que si un événement simple, un naufrage par exemple se produit une fois sur cent, la répétition de cet événement deux fois de suite dans les mêmes circonstances, sera cent fois plus rare.

nances, les premières lois le démontrent; en outre, la forme mutuelle est difficilement réalisable, même de nos jours, pour les assurances maritimes.

Il est donc probable qu'en étendant des risques maritimes aux risques terrestres l'idée de l'assurance, on en conserva la forme, le système et le mécanisme.

49. Cette explication, dont le mérite est d'être simple, logique et naturelle, n'a pas satisfait tous les esprits. Certains auteurs ont voulu voir dans la pratique de l'assurance la solution d'un problème économique, dont la formule serait le résultat des idées de confraternité et de solidarité inconnues aux peuples d'origine romaine, et développées depuis longtemps chez les peuples d'origine germanique. Que ce lien puissant aujourd'hui, qui resserre les membres d'une société, contribue à changer l'application de l'assurance créée : c'est ce qu'on ne saurait nier; mais qu'il en ait suggéré le principe, c'est ce qu'il est difficile d'établir.

Ainsi, vouloir faire découler l'existence des assurances terrestres des Ghilds germaines, des communautés et des confréries du moyen-âge, c'est méconnaître la nature de ces associations et surtout le caractère de l'assurance. Ce système (si on doit lui donner ce nom) a été toutefois exposé très nettement dans une thèse de doctorat, soutenue à Caen, en 1859, par M. le Hardy, avocat. Nous en devons dire un mot pour ne rien négliger, dans l'examen de notre question.

D'après l'auteur, les assurances trouveraient incontestablement leur origine dans l'esprit des Ghilds germaines, des Gmina et des Gromada slaves. Qu'était-ce que la Ghild? Voici ce que l'on trouve à cet égard aux Capitulaires : « De sacramentis pro Gildonia in-
» vicem conjurantibus, ut nemo facere præsumat; alio vero de
» earum eleemosynis : aut de incendio, aut de naufragio, quamvis
» convenientiam nemo in hec jurare præsumat; » et au mot Gilda ou Gildonia (*Gloss.*, Du Cange) : « Fraternitas sodalitium,
» contubernium, curia, collegium, vel gildum, solutio, præstatio,
» quod qui ejusmodi sodalitia et confraternitates ineunt pecuniam
» ad communes usus conferant et exsolvant. »

La Ghild était donc une association formée par des hommes

libres, par des chefs de famille, qui juraient de se soutenir mutuellement dans certains cas prévus, notamme : quand l'un d'eux aurait souffert d'un incendie ou d'un naufrage. Chaque membre payait une cotisation qui servait à réparer les désastres survenus. Le nom de l'association était tiré du terme qui désignait l'impôt, Gild, Gelt, Gold, que payait chaque sociétaire.

Les Ghilds dégénérées se transformèrent en sociétés de débauches, qui sacrifiaient à des banquets et à des orgies les ressources communes. Aussi furent-elles proscrites et condamnées, tant par l'Eglise que par l'Empereur. On croit que le compagnonnage et la francmaçonnerie tirent leur origine de ces Ghilds, parce qu'on y retrouve les mêmes principes de solidarité et de fédération.

On rencontre en Angleterre des descendants de la Ghild, avec une généalogie bien établie. Des communautés existaient dans ce pays, qui garantissaient les affiliés contre les risques du feu et de l'eau et les désastres de tout genre. Ainsi, nous avons sous le règne d'Edouard III les statuts de la confrérie de Sainte-Catherine de Coventry, portant que chaque membre aura droit à une somme d'argent, s'il vient à souffrir du feu, de l'eau, des voleurs ou de quelque autre calamité.

En 1026, il existe, auprès de Londres, une véritable société de secours mutuels, tant pour les biens que pour les âmes des individus. « Si un membre meurt, les autres feront dire des messes pour le repos de son âme ; s'il est blessé ou malade, les autres le ramèneront chez lui. »

Ce besoin de protection, cette solidarité, mais on en distinguait partout les vestiges à cette époque, aussi bien en France qu'en Angleterre. Lorsque les pauvres serfs s'associaient pendant les guerres de la féodalité, et juraient de soutenir les fils de ceux qui périraient au combat, quoique cette promesse réciproque s'appelât un assurement, au dire de Bonnemère (*Hist. des paysans*), nous n'y voyons que la révélation de leurs souffrances et du besoin de secours.

Les seigneurs eux-mêmes étaient obligés à cette époque de confier leurs intérêts à l'association. « Sæpe qui viribus se impares

» noverant, quam ut à vicinarum incursionibus tutos se præsta-
» rent, potentioris alicujus vicini opem implorabant, atque illi
» domum suam assecurabant (Bonnemère, t. 2, p. 556). Ce fait
» est rapporté par Brunel. » Il fut fait vers l'an 1240, beaucoup
de ces assurements à Jean, comte de Dreux et sire de Montfort
l'Amauri, ainsi qu'il se voit par le registre cartulaire de Montfort (*Usage des fiefs*, t. 2, p. 853).

Le mot se trouve dans l'auteur, mais la chose n'est pas dans
le fait qu'il rapporte. Sans doute, les confréries, les communautés,
se sont perpétuées chez les peuples d'origine germanique ; sans
doute ces sociétés se sont multipliées et répandues ; les nécessités
du temps ont grandi les idées de confraternité, et disons le mot,
de mutualité. Là n'est point le principe, la base de l'assurance,
on ne peut et on ne doit y voir que l'origine des sociétés de
secours mutuels, si utiles, si prospères et si protégées.

Mais les sociétés de secours mutuels diffèrent des compagnies
d'assurances et le lien qui unit les sociétaires s'écarte du caractère
de la convention qui engage réciproquement l'assureur et l'assuré.
Sans doute l'assurance a pu revêtir la forme de la mutualité,
dans les pays, où, comme en Angleterre, les idées d'association
sont profondément développées ; ce n'est pas une raison suffisante pour induire de cette circonstance l'origine du nouveau
contrat. La base de l'assurance n'implique nullement l'idée de
mutualité.

« Le principe de la mutualité, dit M. Eugène Reboul (1),
entraîne avec lui une certaine idée de réciprocité, d'association,
à coup sûr très morale, mais qui n'est pas de l'essence même du
contrat. Dans ce système on est obligé de recourir à l'hypothèse
d'une mutualité fictive pour expliquer l'assurance à prime fixe,
qui est la dernière expression pratique de l'assurance : la mutualité n'est pas le moyen ; elle n'est pas la base, l'élément constitutif ; elle n'est pas nécessaire. Cela est si vrai que, lorsqu'on peut
diviser suffisamment ses risques, l'assurance est toute faite, et
l'intermédiaire de l'assureur devient inutile. C'est ainsi que l'Etat

(1) *De l'assurance sur la vie*, p. 28.

est lui-même son propre assureur, parce que ses risques d'incendie ou de naufrage sont répartis sur un assez grand nombre de bâtiments pour qu'il n'ait pas d'intérêt à s'assurer; et cependant personne, que je sache, ne s'est avisé de dire de l'Etat, et encore moins d'un particulier, qu'il fît une mutualité à lui tout seul. »

50. Nous pouvons donc conclure de tout ce qui précède : 1° que la défense portée par l'Eglise contre le prêt à la grosse donna l'idée de l'assurance ; 2° qu'appliquée d'abord aux risques maritimes, elle fut pratiquée par des compagnies ou des spéculateurs opérant à prime fixe; 3° qu'elle s'étendit en conservant ce caractère aux risques terrestres; 4° et qu'enfin, elle emprunta la forme de l'association plus spécialement dans les pays où les tendances à la solidarité étaient plus vives et plus anciennes.

51. Nous avons rencontré en Angleterre les premiers essais de l'assurance terrestre et de l'assurance sur la vie. Le mouvement suivit bientôt comme pour les assurances maritimes, et l'usage pénétra dans plusieurs Etats, la Hollande, la Suisse, l'Allemagne et l'Italie. En France une compagnie s'établit à Paris, en 1750, Pothier en fait mention. Deux autres renouvelèrent, en 1782, cette tentative; mais la dissolution en fut provoquée par la Révolution, à raison du privilége qui leur avait été concédé.

Pendant les années qui séparent 1789 de 1800, les assurances furent oubliées. Les institutions solides ne purent se fonder qu'à l'époque où le calme renaissant à l'intérieur, une ère nouvelle sembla s'ouvrir pour les progrès industriels et économiques. A cette date récente remonte, à vraiment parler, l'établissement définitif des assurances terrestres.

52. L'initiative de ce nouvel élan appartient à un homme oublié, dont les louables efforts auraient mérité un plus grand retentissement. C'est Barrau, de Toulouse, qui en 1801 forma le projet d'une vaste confédération de tous les propriétaires contre les divers fléaux dont ils sont menacés. Saluons, en passant, le nom de celui qui a perdu ses peines et sa fortune dans cette œuvre laborieuse et féconde. Son nom est oublié, même de ses compatriotes, et c'est rendre honneur à sa mémoire que de le publier ; mais il

a eu la mauvaise destinée des innovateurs. « C'était un de ces hommes, comme le dit M. Laboulaye (1), qu'on n'écoute guère, parce qu'ils avancent sur leur temps, et qu'ils ont trop tôt raison. » C'est le crime que les habiles pardonnent le moins.

Quoi qu'il en soit, il fonda trois sociétés d'assurance mutuelle contre la grêle, contre l'incendie, contre la mortalité des bestiaux. Elles avaient réuni un assez grand nombre de sociétaires, quand un avis du Conseil d'Etat, approuvé par Napoléon Ier, les supprima et ruina leur auteur. Lorsque des jours meilleurs semblèrent se lever, Barrau, ferme dans ses conceptions et ses espérances, présenta aux Chambres un projet d'assurances générales. Une commission fut nommée, qui se montra favorable à ses projets, sans qu'on puisse comprendre comment ensuite il n'eut pas l'honneur d'une discussion.

55. Mais l'idée se propageait, et des Compagnies, alors autorisées, commencèrent à opérer à prime fixe et non sur la base de la mutualité. Le *Phénix* et la *Compagnie d'assurances générales* furent les premières. Leur succès encouragea la naissance de Compagnies rivales. Aujourd'hui le nombre en est considérable. La confiance qu'elles méritent ne se discute plus, et l'intérêt qui pousse tout propriétaire à contracter avec elles se justifie par le nombre des assurances qu'elles réalisent et des valeurs prodigieuses qu'elles garantissent contre tous les risques qui peuvent atteindre la fortune et les biens.

Parmi ces Compagnies, les unes sont à prime, les autres mutuelles. Elles offrent toutes une très-grande sécurité ; et le mécanisme de chacune possède ses avantages particuliers. Assuré à prime fixe, on s'affranchit d'avance d'une responsabilité indéfinie; on connaît d'avance la quotité de la somme que coûtera l'assurance. Dans les Sociétés mutuelles, au contraire, si les cotisations peuvent être quelquefois moins fortes, elles peuvent s'élever beaucoup plus en certaines circonstances, et alors le propriétaire ne peut déterminer la portion de ses revenus qu'il devra sacrifier à ses obligations d'assureur (il est en effet assureur et assuré à la fois).

(1) *Hist. des Etats-Unis*, t. 3.

Assuré à prime fixe, le dédommagement est presque immédiat, le paiement est effectué après les évaluations ou les expertises. Dans les Compagnies mutuelles, la voie de la répartition est lente et pénible, parce qu'elle se fait sur un nombre prodigieux de têtes, et que les fonds destinés à la réparation d'un sinistre ne sont recouvrés qu'après qu'il a éclaté. — En présence de ces observations sur quelques principes relatifs aux modes d'assurance, on comprend l'hésitation. Les esprits timorés peuvent préférer les Compagnies à prime fixe ; ce sont, à notre avis, les plus sages. Les hommes moins craintifs entrent dans une Compagnie mutuelle et embrassent toutes ses oscillations. Ce n'est pas à dire pourtant que la mutualité soit beaucoup moins avantageuse, si elle est puissante ; si elle réunit beaucoup d'adhérents, elle devra même triompher. La législation sur les Sociétés gênait le développement de cette forme particulière de l'assurance ; les associations anonymes ne pouvaient exister qu'avec l'autorisation du gouvernement, et on n'accordait cette faculté aux Compagnies mutuelles qu'à la condition d'opérer dans un rayon peu étendu. Or, la mutualité n'est grande, forte et féconde, que si elle multiplie à l'infini le nombre de ses membres. Aujourd'hui, le champ lui est ouvert, les entraves qui l'enchaînaient sont brisées, les Sociétés peuvent s'organiser librement et sans contrôle. Peut-être un autre Barrau appellera tous les propriétaires à une vaste confédération sans avoir besoin de recourir à l'Etat pour accomplir cette grande œuvre. L'assurance s'y produira sous la forme mutuelle, sans pression, de la libre détermination des intéressés. Ainsi établie sur une vaste échelle, l'assurance mutuelle pourra grandir et prendre peut-être le pas, dans un avenir éloigné, sur les Compagnies à prime fixe qui sont aujourd'hui les plus nombreuses, les plus puissantes et les plus répandues. La concurrence s'établira ainsi, les assurés y gagneront, et les Compagnies, quoique obligées à la réduction des primes déjà fort minimes, retrouveront par la réalisation d'une plus grande quantité de contrats les mêmes bénéfices. Car, nous espérons bien que cette institution ne sera jamais enlevée à l'industrie privée, et que l'utopie de l'assurance par l'Etat ne deviendra jamais une réalité.

54. Cette thèse a été cependant soutenue à plusieurs reprises. Elle compte des défenseurs et des partisans dans l'école égalitaire, comme dans le parti conservateur. Les illusions égarent souvent les esprits les plus éclairés et les mieux intentionnés. On s'émeut de voir à la lueur d'un sinistre, la ruine d'une famille imprévoyante. Pour réparer les désastres de cette imprudence, on voudrait que la tutelle du pouvoir s'étendît sur les négligents, que l'assurance fût obligatoire, que l'Etat fût l'assureur, et que la prime s'ajoutant à l'impôt, devînt une autre source de contributions.

Il n'est pas besoin de s'appesantir sur cette erreur condamnée par les économistes et les publicistes. En 1848, Proudhon prêcha cette doctrine; en 1850, le Corps Législatif s'en occupa encore; en 1852, en 1857, la question a été encore remise à l'ordre du jour pour subir le sort d'une condamnation plusieurs fois répétée et sanctionnée par la science autant que par l'opinion publique. Les monopoles sont assez nombreux dans les mains de l'Etat. L'absorption des activités individuelles est loin d'être un progrès. La prévoyance de chacun doit suffire à la protection des intérêts privés. Oh, sans doute, il est malheureux que de rares propriétaires s'opiniâtrent encore à rester à découvert avec le hasard; mais l'Etat n'est pas créé pour s'immiscer dans la gestion des affaires domestiques. Pourquoi, d'un autre côté, obligerait-on celui qui peut rester son propre assureur à payer l'impôt de l'assurance.

Qu'au point de vue du communisme, le droit à l'assurance soit aussi sacré que le droit au travail, c'est une théorie jugée, et pour la justification de laquelle la preuve même ne paraît plus ni pertinente, ni admissible. Il ne faut pas non plus que des considérations de sentiment fassent dégénérer une question du rang qu'elle doit occuper. Y aurait-il inconvénient ou avantage à rendre l'Etat assureur nécessaire et universel? C'est toute la question. La balance, à nos yeux, ne pencherait pas en faveur des avantages. Il n'y en a qu'un seul bien accusé, c'est que personne ne resterait exposé aux suites d'un sinistre. Or, pour sauvegarder ces quelques intérêts isolés, dont la perte ne peut être imputée

qu'à l'imprévoyance, signalons rapidement les dangers du système
pour l'intérêt général.

Ce serait d'abord l'expropriation des industries privées ;
l'anéantissement des Compagnies, la ruine d'une multitude
d'agents, la création d'un monopole ajouté aux autres. Ce serait
un impôt d'une nature particulière que la fixation de la prime
entraînerait : elle serait plus ou moins élevée suivant les nécessités
financières ; on s'en pourrait servir pour équilibrer un budget.
Qu'on songe aux difficultés incroyables du règlement d'indemnité ! Ne voit-on pas la série de formalités administratives qui
devraient être remplies ? Si des contestations s'élèvent, en pourrait-on venir à une transaction, le refuge ordinaire des Compagnies qui ne veulent pas se discréditer et des assurés qui souhai-
tent un paiement immédiat. A-t-on bien réfléchi, dit M. de
Planhol, à l'arme terrible de guerre qui serait placée dans la
main des anarchistes, le jour où il serait constaté que l'Etat doit la
réparation de tous le dommages d'incendie ? Ce jour-là, la guerre
sociale ne se ferait plus avec des balles : on la ferait avec la torche
et le feu. Enfin, l'assurance par l'Etat pourrait amener une exportation annuelle considérable du numéraire français. Si le Gouvernement mettait l'interdit sur toutes les Compagnies régnicoles d'assurances, il est hors de doute que les grands propriétaires et surtout
les industriels se résigneraient pour s'assurer la prompte réparation
de leurs pertes à payer une prime à des Compagnies étrangères,
ainsi que cela a eu lieu dans les cantons de la Suisse, où l'Etat est
assureur. Les raisons générales et des motifs de détail, les conséquences injustes, oppressives et vexatoires qui en résultent ont
fait toujours rejeter la proposition de monopoliser une des branches
les plus prospères de l'industrie privée.

DROIT FRANÇAIS.

Notions générales sur le contrat d'assurance terrestre.

55. On définit généralement ce contrat : celui par lequel une ou plusieurs personnes se chargent pendant un temps limité, des risques de certains cas fortuits auxquels une chose peut être exposée, moyennant un prix que l'autre contractant se charge de donner.

Il est évident que cette convention est aléatoire. Car, dit Pothier, la prime que l'assureur reçoit, n'est pas, comme dans les contrats commutatifs, l'équivalent d'une autre chose qu'il donne ou s'oblige de donner, puisqu'il ne devra rien si la chose soumise au risque ne vient pas à l'essuyer, et qu'au contraire, si la chose assurée périt, l'indemnité due à l'assuré étant beaucoup plus considérable que la prime, n'en peut être regardée comme l'équivalent.

L'assurance mutuelle possède, aussi bien que celle à prime fixe, le caractère aléatoire. La promesse de payer les cotisations annuelles n'est pas l'équivalent du dommage que la société s'engage à réparer. La répartition s'élève ou diminue proportionnellement au nombre des sinistres, et l'indemnité, au cas de perte, est plus que l'équivalent de la contribution. Ce contrat aléatoire n'est pas comme d'autres, le jeu et le pari, dépourvu d'action. Si dans ces derniers se glisse une idée de spéculation que la loi aussi bien que les bonnes mœurs condamnent, celui dont nous nous occupons est encouragé par la double protection du législateur, des économistes d'une part, et d'une saine morale de l'autre. Le rapprochement des art. 1964 et 1965 suffit à établir et à justifier cette différence.

56. Les premiers auteurs qui ont traité de la matière, ont cherché à déterminer la nature du contrat d'assurances pour apprécier plus facilement les obligations qui en découlent. Il appartenait aux discussions d'école de rechercher dans le droit romain le nom de cette stipulation nouvelle. Pacte ou contrat innommé pour les uns, vente ou louage pour les autres, gageure pour beaucoup, telles furent les désignations diverses qu'on lui donna jusqu'au jour où prévalut l'opinion, qu'il a une nature propre, et que c'est par l'étude du but qu'il est destiné à atteindre et des effets qu'il doit produire, qu'on peut en connaître les principes.

L'assuré y cherche une garantie contre les risques auxquels sa chose est exposée. La réparation d'un préjudice éventuel, voilà l'unique cause de son engagement. D'où il suit que toute idée de bénéfice est exclue, et que le paiement de l'indemnité aura toujours pour limite la représentation de la valeur détruite. Autre conséquence. Un intérêt sérieux à la conservation de la chose sera la mesure de la capacité juridique, nécessaire pour figurer au contrat. Sans cet intérêt, la convention affecterait le caractère d'une gageure, et l'assurance est tout autre chose. Ces principes sont, en quelque sorte, d'ordre public. La réalisation des risques peut être un fait de l'homme, par exemple, en matière d'incendie. Or, il est toujours dangereux de placer l'homme entre l'intérêt et le devoir. C'est pour cela que l'assurance ne doit jamais être une source de bénéfice pour l'assuré.

57. Nous pensons que l'assurance est, comme tous les contrats en droit français, de bonne foi. Sans doute, si les pactes sont clairs par eux-mêmes et ne renferment rien qui soit prohibé par les lois, les juges devront se conformer aux termes de la stipulation. Mais toute clause obscure ou ambiguë devra s'interpréter par l'équité, la nature du contrat, l'intention des parties.

57 *bis*. L'indispensable complément de ces notions générales

est la question de savoir si le contrat d'assurances appartient à l'ordre civil ou commercial. La loi répute actes de commerce tous affrètements ou nolissements, emprunt à la grosse, *toutes assurances* et autres contrats concernant le commerce de mer (art. 633 C. comm.). Les termes de cet article, quelque généraux qu'ils paraissent, ne peuvent s'appliquer à l'assurance terrestre, qui était presque inconnue lors de sa rédaction. On ne se préoccupait alors que de l'assurance maritime, et celle-ci avait toujours été particulière aux commerçants. La difficulté se réduit donc à ces termes : L'assuré fait-il un acte de commerce? La solution n'est pas périlleuse. En s'assurant, il administre sa fortune, il distrait une part minime de ses revenus annuels pour se garantir contre les chances de destruction qui menacent ses biens. Ce n'est pas là faire acte de commerce. De son côté, l'assureur peut n'être ni spéculateur ni commerçant. Quand nous examinerons quelles sont les personnes qui peuvent assurer, il sera facile de reconnaître que toute idée de spéculation est étrangère aux sociétés mutuelles, puisque chaque sociétaire assuré et assureur à la fois est certain d'avoir à payer quelque chose, tout en ayant la certitude de ne rien gagner. Mais nous rencontrerons à côté de ces sociétés d'autres Compagnies qui assurent à forfait, moyennant une prime préfixe, et qui, dès lors, pour opérer d'une manière certaine, doivent placer sous leur garantie un nombre considérable de valeurs assurables soumises à un même risque. Les indemnités qui seront dues aux assurés malheureux, seront payées avec les primes, accumulées dans les caisses de la Compagnie et capitalisées au profit des actionnaires. Sans doute, ce premier aperçu démontre que les Compagnies agissent, quant à elles, en vue d'un bénéfice; or, si pour connaître leur capacité, les conditions de leur existence, la répartition des bénéfices entre les actionnaires, il faut recourir aux lois commerciales, il n'en reste pas moins certain que, dans ses rapports avec l'assuré, la Compagnie fait un contrat de l'ordre purement civil (1).

(1) On a longtemps discuté la question de savoir si les Compagnies d'assurance sont des sociétés civiles ou commerciales. Cette dernière qualification est

58. C'est donc de la nature civile des contrats que participe l'assurance terrestre, c'est donc aux règles du droit civil qu'il faudra se référer pour fixer les droits et obligations respectifs qui ne l'ont pas été par la police, faisant la loi des parties pour tout ce qui s'y trouve prévu. Les règles spéciales de la convention qui nous occupe, n'ont été écrites nulle part, ni dans le Code de commerce, ni dans le Code civil. Les principes généraux ssrviront de base aux interprétations et aux difficultés. Ainsi, est-il besoin de dire que le contrat d'assurance n'existe que par le consentement des parties? Est-il besoin d'ajouter que les vices, erreur, dol ou violence, qui affecteront ce consentement, pourront être des causes d'annulation? Il est bon de préciser que l'erreur sur la personne, pourra facilement devenir dans ce contrat une cause de nullité.

La considération de la partie par laquelle on se fait assurer, est une cause déterminante de l'obligation. C'est ce qui a été très bien jugé par arrêt de la Cour de Paris (27 août 1858. Dalloz, v° *Ass. terr.*, n° 50).

Mais la lésion qui, dans certains contrats, peut être une cause de rescision, ne saurait être invoquée pour faire rescinder le contrat d'assurance. Car, aux termes de l'art. 1313, les majeurs ne sont restitués pour cause de lésion que dans les cas et sous les conditions spécialement exprimées dans le Code. Or, nulle part le Code n'admet la rescision d'un contrat aléatoire pour cause de lésion d'une des deux parties.

C'est ainsi que, la loi étant restée muette, les principes généraux des obligations doivent éclairer l'étude de notre convention. C'est ensuite l'œuvre des jurisconsultes et de la jurisprudence de

---

généralement accordée aux Compagnies à prime qui, seules, spéculent en prenant à leur charge les risques divers qu'elles couvrent moyennant une prime qui représente la valeur aléatoire de ces risques. Elles sont donc établies et fondées pour faire des actes de commerce, et c'est pour ce motif qu'elles acquièrent, à nos yeux, le caractère commercial. Il s'ensuit qu'elles peuvent être déclarées en faillite, qu'elles sont assujetties suivant leur forme, soit pour leur établissement, soit pour leur existence, aux dispositions du Code de commerce. La doctrine est unanime. (Dalloz, Quenault, Persil. Voy. aussi M. Molinier, *Trait, de dr. comm.*, t. I, p. 225).

faire ces applications, d'interpréter les clauses nouvelles avec l'usage et l'équité, et de fixer la marche indécise des assureurs et assurés. Mieux vaut quelquefois laisser à la science et à la pratique le soin de pénétrer les difficultés, de les élucider, de les trancher, que de se hâter dans l'étude et dans la promulgation d'une loi. Si elle n'est point fondée sur les vrais besoins de l'institution qu'elle veut réglementer, elle en arrêtera le développement et le fera peut être avorter. Or, comment prévoir avec certitude ce que l'usage apprendra et nécessitera.

Aujourd'hui cependant, la question est connue et approfondie. La doctrine, quoique bien hésitante sur divers points, a prêté son concours à la jurisprudence, qui a fixé en grande partie les règles de la matière. Ces documents nombreux pourraient servir de guide au législateur, dont l'œuvre serait facile et opportune, ainsi que le révélera cette modeste étude. En voici le programme :

1° De la capacité des parties ;
2° De l'objet du contrat ;
3° De la cause du contrat ;
4° Forme et preuve de l'assurance ;
5° Annulation, résolution, extinction ;
6° Compétence, procédure, prescription.

CHAPITRE PREMIER.

DE LA CAPACITÉ DES PARTIES.

50. A. *De l'assureur.* — Les assurances ne sont presque jamais faites par des particuliers isolés. Aussi n'avons-nous à nous occuper que *de eo quod plerùmque fit*, c'est-à-dire des assurances faites par les Compagnies. Quelles sont leurs conditions d'exis-tence ? Les unes (1), nous le savons, sont formées par des spécu-

(1) M. Vincens, t. III, p. 518.

latours qui reçoivent une prime de chaque assuré, et prennent les événements à leur compte; les autres, sous le nom d'assurances mutuelles ou réciproques, ne sont que l'association de personnes en risque qui mettent leurs dangers en commun. Occupons-nous de ces dernières. Elles sont, par leur nature, des associations anonymes, composées de tous les propriétaires assurés. Ce caractère les peut-il soumettre aux dispositions de l'art. 37 C. comm.?

L'anonymat ne suffit pas pour conférer à l'association la nature commerciale qui lui manque. Les sociétés anonymes, telles que le Code de commerce les comprend, ont un fonds social, divisé en actions, et destiné à soutenir les opérations de la société. Les compagnies d'assurances mutuelles, au contraire, n'ont point d'actions, et ne font aucune entreprise. Or, les prescriptions de l'article 57 du Code de commerce ne semblent imposées, par le législateur, que pour les sociétés commerciales; de telle sorte que les compagnies d'assurances mutuelles, paraissant étrangères à toute idée d'entreprise ou de spéculation, ne seraient assujetties à aucune forme spéciale autre que celle de l'article 1108 du Code Napoléon.

C'est peut-être à raison de ces doutes qu'en 1809, et lors des opérations premières d'assurances, le Conseil d'État crut devoir émettre un avis qui déclarait indispensable à l'établissement et à l'existence des sociétés mutuelles l'autorisation du gouvernement. Voici les termes de l'un des considérants de cet avis : « Attendu » que ces engagements et leur exécution peuvent, par leur mesure, » comme par leur mode, intéresser l'ordre public, les statuts qui » les expriment doivent, préalablement, être soumis à l'approba- » tion du gouvernement, et qu'ainsi aucune société d'assurances, » tant contre les ravages de la grêle et des épizooties, que contre » les dangers de l'incendie, ne peut se former, que ses règlements » n'aient été soumis au ministre de l'intérieur et, sur son rapport, » approuvés par Sa Majesté, en Conseil d'État. »

Malgré cet avis et la pratique presque constante qui s'y est soumise, on a soutenu quelquefois, par les motifs indiqués plus haut, que les sociétés mutuelles d'assurance étaient affranchies des dispositions de l'article 37, et que la délibération du Conseil d'État

ne pouvait avoir force obligatoire pour raison d'inconstitutionnalité
et défaut de promulgation. La Cour de Douai a rendu, à cet égard,
un arrêt dont nous reproduisons les motifs :

« Attendu que, par sa nature même, la convention d'assuran-
» rances mutuelles, contre les ravages de la grêle, est exclusive
» de toute idée de spéculation et de lucre; qu'elle manque, par
» conséquent, du caractère le plus essentiel des sociétés, soit com-
» merciales, soit même civiles; qu'il s'ensuit que l'article 37 du
» Code de commerce, qui dispose que la société anonyme com-
» merciale ne peut exister qu'avec l'autorisation du gouverne-
» ment, ne lui est pas applicable; que comme tous les contrats
» qu'elle n'a pas assujettis à des formes ou à des conditions parti-
» culières, il suffit à sa perfection qu'elle réunisse les conditions
» générales exigées par l'article 1108 du Code Napoléon; attendu
» que l'avis du Conseil d'Etat du 30 septembre 1809, approuvé
» par l'Empereur le 13 octobre suivant, qui soumet les assuran-
» ces mutuelles de l'espèce de celle dont il s'agit dans la cause, à
» la nécessité de l'approbation préalable du gouvernement, n'est
» pas obligatoire, et que son application doit être écartée par le
» double motif qu'il est inconstitutionnel et qu'il n'a pas été pro-
» mulgué légalement en temps utile; que son inconstitutionnalité
» résulte de ce qu'émané du pouvoir exécutif seul, il empiète sur
» le domaine de la loi, en subordonnant la validité et l'efficacité
» de certains contrats à l'accomplissement d'une condition et
» d'une formalité non exigées par la loi existante au moment de
» son émission. Attendu, quant au défaut de promulgation, que,
» si par de graves considérations d'ordre et d'intérêt public, il a
» été admis, par la doctrine et par la jurisprudence, que, malgré
» leur inconstitutionnalité, les décrets impériaux conservaient leur
» force obligatoire, nonobstant la chute de l'Empire et l'avènement
» d'un gouvernement nouveau, il n'en est ainsi que pour ceux
» de ces décrets qui ont été légalement publiés et exécutés, anté-
» rieurement à la charte de 1814;

» Attendu que ce qui est vrai pour les décrets proprement dits,
» c'est-à-dire pour les actes du pouvoir exécutif auxquels cette
» forme explicite a été donnée, est vrai, à plus forte raison pour

» les simples avis du Conseil d'Etat, alors même qu'ils ont été
» revêtus de l'approbation de l'empereur ; qu'il serait contraire à
» tous les principes de considérer ces actes comme obligatoires par
» eux-mêmes, quand les lois ne deviennent exécutoires que par
» suite et en vertu de leur promulgation ;

» Attendu que, d'après les lois de la matière et spécialement
» aux termes des dispositions combinées de la loi du 14 frimaire
» an II, de celle du 12 vendémiaire an IV et de la Constitution
» de l'an VIII, la promulgation des lois résulte de leur insertion
» au Bulletin officiel ; qu'à l'égard des décrets, l'avis du Conseil
» d'Etat du 25 prairial an XIII, dûment inséré au *Bulletin des*
» *Lois*, distingue entre les décrets d'un intérêt général et ceux
» qui n'intéressent que certaines personnes ; que s'il prescrit un
» mode particulier pour porter ces derniers à la connaissance
» des personnes qu'ils concernent, et pour les rendre obligatoires
» à leur égard, il en est autrement des premiers, qui restent sou-
» mis à la nécessité de la promulgation, par leur insertion au
» *Bulletin des Lois.*

» Attendu, en fait, que l'avis du Conseil d'Etat du 20 novem-
» bre 1809, relatif aux assurances mutuelles, a pour objet une
» mesure d'intérêt général, et qu'il n'a pas été inséré au *Bulletin*
» *des Lois* avant la charte constitutionnelle de 1814 ; qu'il est, dès-
» lors, dépourvu de toute force obligatoire, et que les conventions
» d'assurances mutuelles n'ont pas été légalement assujetties, pour
» leur validité, à la nécessité de l'autorisation préalable du gou-
» vernement. Attendu que l'on ne saurait voir la promulgation
» dans l'insertion au *Bulletin des Lois*, opérée en 1821, à l'occa-
» sion et en exécution d'une ordonnance royale du 14 novembre
» de la même année, relative aux entreprises ayant pour objet le
» remplacement des jeunes gens appelés à l'armée ; que cette pro-
» mulgation accidentelle et tardive, œuvre d'un pouvoir exécutif
» nouveau, n'a pu le purger du vice d'inconstitutionnalité qui
» l'affecte, et lui imprimer, sans le concours des autres pouvoirs,
» dont la réunion constituait alors la puissance législative, le
» caractère de légalité qui lui manquait.

» Qu'il suit de ces considérations que la convention d'asso-

» ciation dont il s'agissait dans l'instance, est régulière et valable,
» quoique non autorisée par le gouvernement, et que c'est à tort
» que les premiers juges en ont prononcé la nullité. »

(15 novembre 1851, Cour de Douai).

La conclusion logique de ces principes serait que les sociétés anonymes, dépourvues d'un caractère commercial, comme sont les associations mutuelles d'assurance, peuvent exister sans l'autorisation du gouvernement, et que l'avis du Conseil d'Etat de 1809 est destitué de tout effet et de toute valeur légale.

60. La jurisprudence, qui n'a pas accepté cette solution, a cherché ses raisons de décider en dehors de la force légale de l'avis de 1809, et a trouvé la solution dans le caractère constitutif et essentiel de la société. Il est contraire à la saine raison comme au droit, a dit M. Emile Ollivier (1), qu'en formant un des contrats que la loi civile a définis, les parties puissent, de leur autorité privée, supprimer les garanties stipulées au profit des tiers, et par une confusion de règles écrites dans le Code civil et dans le Code de commerce, se soustraire, à la fois, aux dispositions de la loi civile et de la loi commerciale. Avec un tel système, la société civile anonyme, affranchie de l'autorisation préalable du gouvernement et de la responsabilité personnelle des associés, aurait pour résultat inévitable de ramener et de consacrer les abus et les désordres que la loi de la matière a voulu prévenir. Quel que soit donc l'objet de cette société, qu'elle se propose de réaliser un lucre et de partager des bénéfices ou de réparer des pertes, l'autorisation préalable est nécessaire pour prémunir le public contre les combinaisons imprévoyantes ou artificieuses de statuts non approuvés.

Ces principes ont été sanctionnés par la jurisprudence. Ils sont ramenés dans un arrêt de la cour de Paris, ainsi conçu : « Une
» telle société réunit tous les éléments essentiels et caractéristi-
» ques de la société anonyme. Elle n'a pas de raison sociale : elle
» n'est désignée par le nom d'aucun des associés : elle est simple-
» ment qualifiée par la désignation de l'objet de son entreprise ;

(1) *Revue prat.*, t. V, p. 159.

» elle est enfin, aux termes de ses statuts, administrée par un
» directeur dont la responsabilité se restreint à l'exécution de son
» mandat. Dès lors, une autorisation était nécessaire à son exis-
» tence. C'est vainement qu'on oppose qu'une telle société est
» purement civile, et, ne se livrant à aucune spéculation, ne
» peut tomber sous la prescription de la loi commerciale. La loi
» civile, en effet, ne reconnaît pas de sociétés de capitaux ; elle at-
» tache expressément à celles qui se forment sous son autorité la
» responsabilité personnelle des associés. Evidemment donc si l'on
» admet qu'en empruntant au Code de commerce le mode spé-
» cial d'organisation qu'il institue pour les sociétés anonymes,
» les contractants peuvent éluder l'effet légal de la convention
» civile, ce ne peut être qu'à charge d'accomplir les prescrip-
» tions d'ordre public qui sont la condition même d'existence de
» ce genre de société. » (Dall., 1858, 2, 26, renvoi après cassation en ce sens d'un arrêt de la Cour suprême; Dall., 1857, 1,
201). S'il ne s'agissait pas d'une question d'ordre public et d'intérêt général, il nous paraît que l'argumentation de la cour de
Douai devrait être préférée. Mais le point de vue exact auquel se
place la jurisprudence contraire, légitime sa décision. Il est donc
certain que l'autorisation préalable du gouvernement est une condition essentielle de l'existence des sociétés mutuelles d'assurances.

Quant aux compagnies à prime fixe qui constituent des sociétés *commerciales*, leur organisation est réglée par la loi commune,
c'est-à-dire le Code de commerce. Or, comme la plupart sont
anonymes, la plupart ont besoin de l'autorisation du gouvernement.

61. Tel était l'état des choses encore au commencement de
cette année 1867, quand le 15 juin le Corps législatif a voté une
loi qui réforme l'organisation des sociétés. On y trouve les deux
articles suivants relatifs à la matière des assurances.

Art. 66. Les associations de la nature des tontines, et les
sociétés d'assurances sur la vie, mutuelles ou à prime, restent
soumises à l'autorisation et à la surveillance du gouvernement.

Les autres sociétés d'assurances pourront se former sans autorisation. Un règlement d'administration publique déterminera les conditions sous lesquelles elles pourront être constituées.

Art. 67. Les sociétés d'assurances désignées dans le paragraphe 2 de l'article précédent, qui existent actuellement, pourront se placer sous le régime qui sera établi par le règlement d'administration publique, sans l'autorisation du gouvernement, en observant les formes et les conditions prescrites pour la modification de leurs statuts.

C'est ainsi qu'une législation plus large ouvre la voie à la formation des Sociétés d'assurances. La mutualité pourra prendre un plus grand essor, s'étendre sur un réseau plus vaste. C'est favoriser la concurrence et rester dans de sages limites en restreignant la nécessité de l'intervention du gouvernement aux assurances sur la vie et aux associations de la nature des tontines. Nous croyons utile de rappeler une déclaration faite pendant la discussion de la loi par M. le Ministre de l'agriculture, du commerce et des travaux publics sur le caractère des associations relatives aux assurances contre le tirage au sort. On demandait si elles seraient toutes soumises au paragraphe 1er de l'art. 66. M. de Forcade la Roquette s'est exprimé de la manière suivante :

« M. de Tillancourt a posé une question qui intéresse un assez grand nombre de pères de famille : il a demandé quelle serait la condition faite aux Sociétés qui ont pour objet de réunir les cotisations des pères de famille, en vue du tirage au sort, au moment de la conscription.

» S'il s'agit de Sociétés constituées au moment du tirage au sort par un certain nombre de pères de famille, ces Sociétés n'ont pas le caractère tontinier, ce sont des Sociétés d'une nature particulière ; le Gouvernement ne considère pas qu'il faille les soumettre à la nécessité de l'autorisation ; elles rentrent dans les conditions générales des Sociétés libres

» Mais s'il s'agit de Sociétés constituées par des pères de famille, en prévision du tirage au sort à une époque plus ou moins éloignée de la naissance de leurs enfants, et en vue de régler une situation future qui ne doit se produire qu'au moment du tirage au sort : si à cette époque les chances de l'opération peuvent se trouver modifiées par la mortalité, alors le caractère tontinier apparaît, et ces Sociétés rentrent dans les dispositions de la loi qui exigent l'autorisation (1). »

Le mode d'existence des Compagnies d'assurances est donc bien déterminé par la nouvelle loi.

62. Les Sociétés à prime aussi bien que les Sociétés mutuelles ont leur corps d'administration. Les administrateurs ont à constater les sinistres, à discuter et à payer les indemnités, à rendre compte aux actionnaires, ou bien à percevoir et répartir les cotisations. Des agents sont disséminés sur tous les points où la Compagnie doit opérer ; ils sont chargés principalement de réaliser des adhésions nouvelles, des contrats nouveaux, de recouvrer les primes. Quel est le caractère de ces agents, et dans quelle limite engagent-ils la Compagnie ?

Il suffit de lire à cet égard l'art. 1998 Cod. Nap. : « Le mandant est tenu d'exécuter les engagements contractés par le mandataire, conformément au pouvoir qui lui a été donné. — Il n'est tenu de ce qui a pu être fait au-delà qu'autant qu'il l'a ratifié expressément ou tacitement. » — Ce principe doit être entendu avec quelques tempéraments. On sait que les personnes qui traitent avec le préposé d'une maison de commerce ne sont ni dans l'habitude ni dans la nécessité de se faire représenter le mandat par lequel il est accrédité. De même l'agent d'une Compagnie d'assurances, connu pour tel, engage son mandant alors qu'il outrepasse ses pouvoirs, en assurant par exemple à un prix infé-rieur à celui du tarif, ou en concédant des avantages plus considérables que ne le lui permettent ses instructions. La Compagnie, dans ce cas, serait liée, sauf son recours contre l'agent. C'est ce qu'a décidé la Cour de Grenoble par un arrêt du 28 janvier 1857 (2). Les pouvoirs des préposés, dit M. Quesnault, sont déterminés, à l'égard des tiers, par leurs occupations habituelles, par ce qu'ils ont déjà fait sans opposition de la part de leurs commettants, et par ce qu'il est d'usage de confier à ceux qui ont

_____

(1) *Moniteur universel*, 11 juin 1867.
(2) Dalloz, v° *Ass. terr.*, n° 28.

de semblables emplois ; il ne suffirait donc pas aux commettants de prouver qu'ils ont apporté certaines limitations aux pouvoirs confiés à leurs agents ; il faudrait prouver, contre la présomption générale, que le tiers qui a traité avec leur agent a été instruit des restrictions apportées à son mandat.

Nous approuvons encore un arrêt de la Cour de Colmar (2 mars 1825), qui a validé l'assurance faite par un sous-agent de la Compagnie qui, sans avoir mandat pour retenir les polices, était considéré comme investi de ce droit. Les circonstances de fait sont déterminantes. Ainsi la confiance des assurés est pleinement justifiée, si ceux qui ont assuré étaient publiquement reconnus comme agents de la Compagnie, s'ils étaient dépositaires des plaques et en délivraient aux personnes assurées. Toutes ces questions de fait remises à l'appréciation souveraine des tribunaux peuvent faire fléchir le principe de l'art. 1998, dans un contrat surtout où la bonne foi doit présider et servir de règle dans la plupart des difficultés.

Telles sont les conditions de capacité requises pour jouer le rôle d'assureur. Examinons celles qui sont relatives à la personne de l'assuré.

65. B. *De l'assuré.* — L'assurance constitue surtout un acte d'administration. Or la capacité légale, nécessaire pour s'engager, doit être examinée au regard de la convention où l'on doit figurer. Celui-là donc possédera l'aptitude légale pour souscrire un contrat d'assurance, qui sera habile à accomplir les actes d'administration.

Il faudra encore avoir qualité et intérêt au contrat en vertu de ce principe fondamental de la matière déjà indiqué : 1° l'assurance ne doit jamais dégénérer en pari : d'où il suit que l'assuré doit toujours avoir intérêt à la conservation de la chose ; 2° l'assurance est essentiellement un contrat d'indemnité, c'est-à-dire qu'elle ne peut jamais devenir pour l'assuré un moyen de spéculation ; elle le couvre seulement des pertes que le sinistre lui a fait éprouver.

Ces prémisses posées, nous pourrons facilement reconnaître les conditions nécessaires pour pouvoir faire assurer. Et d'abord, de ce qu'il faut être légalement capable de contracter, et avoir le pouvoir d'administrer, il suit que l'interdit, le mineur non émancipé, la femme non séparée de biens et sans paraphernaux ne peuvent s'engager en souscrivant une police d'assurances (art. 1124 C. Nap.). MM. Grün et Joliat, qui reconnaissent bien l'incapacité du mineur, ajoutent une chose singulière. Le contrat d'assurances n'étant pas rescindable pour cause de lésion, la protection de la loi ne couvrira pas ici le mineur qui n'est restituable que s'il a été lésé. C'est-dire que l'incapable est capable; c'est tomber dans une contradiction. Quoi donc? si les primes sont exagérées, si le choix de la Compagnie est imprudent, si en un mot le mineur souffre un préjudice, l'article 1305 n'est pas applicable? L'affirmative ne se discute pas.

L'art. 332 C. com. exige que la police contienne le nom de celui qui se fait assurer, sa qualité de propriétaire ou de commissionnaire. Notre avis est, que cette disposition écrite pour les assurances maritimes est également applicable aux assurances terrestres, car la mention exigée par cet article a pour but de constater que l'assurance n'est pas un simple pari. Elle offre le moyen de vérifier si l'assuré est réellement propriétaire de la marchandise, objet du contrat, ou bien, si agissant comme commissionnaire, il représente un commettant propriétaire, qui est, par son intermédiaire, le véritable assuré quant aux effets de l'assurance.

Ceux donc qui sont capables de contracter et qui ont un droit sur la chose, peuvent figurer dans un contrat d'assurance.

64. Le copropriétaire peut faire assurer la chose qui fait l'objet de son droit de copropriété, jusqu'à concurrence de la valeur qui lui appartient. Et s'il a assuré pour le tout, la convention tient, à moins qu'il ne soit désavoué; auquel cas l'assurance subsistera toujours pour sa part. Quand il s'agit d'une société, il faut distinguer si des administrateurs ont été nommés, et alors eux seuls ont le droit d'assurer les biens communs. Dans le cas contraire, chacun des associés puise ce pouvoir dans l'article 1859 du Code Nap., qui suppose que les associés se sont donné le pouvoir réciproque d'administrer. Ceci s'appliquera, en matière commerciale, aux sociétés en nom collectif. Quant aux sociétés en commandite, le soin de faire assurer repose sur les gérants. Néanmoins, l'assu-

rcur ne serait pas recevable à demander la nullité d'une assurance faite par un commanditaire. En effet, la peine que la loi
attache à cette immixtion dans la gestion n'est autre que la responsabilité que le commanditaire partagera avec les gérants.

65. L'assurance peut être faite encore par le mandataire conventionnel ou le représentant légal du propriétaire. Ainsi, le mari
administrateur des biens de sa femme, le père des biens de ses
enfants mineurs, le tuteur enfin, ont le pouvoir incontestable de
soumettre à l'assurance les biens dépendants de leur administration. Mais est-ce plus qu'une faculté, est-ce une obligation, par
exemple, pour le tuteur? Que dit l'art. 450 du Code Napoléon :
Le tuteur administrera les biens du mineur en bon père de
famille et répondra des dommages et intérêts qui pourraient résulter d'une mauvaise gestion. Toute la question se résumera donc
dans l'appréciation d'un fait. Est-ce agir sagement et avec prudence
que laisser exposés à tous les hasards de la fortune les biens
d'un enfant mineur qu'on peut sauvegarder par le paiement d'une
faible prime? Aucune loi, sans doute, n'oblige directement le
tuteur à faire assurer l'immeuble et le mobilier dont il *a la jouissance*; mais une pareille négligence serait bien près de constituer
une faute et d'engager sa responsabilité. Voici comment s'exprime
sur ce point un arrêt de la cour de Besançon, qui traite incidem-
ment la question : considérant que si le tuteur et l'usufruitier ne
sont pas rigoureusement astreints à assurer l'immeuble dont ils
ont l'administration ou la jouissance, et que si leur abstention
peut être regardée plutôt comme un acte de mauvaise gestion que
comme un manquement à une obligation formelle, il en est autrement, lorsque, ayant reconnu la nécessité ou l'utilité d'une assurance, ils ne tiennent pas les engagements qu'ils ont souscrits et
ne paient pas les primes (Dall., 1865, 2, 95). Si cette décision
doit faire jurisprudence, il en résulterait que le tuteur n'est pas
rigoureusement obligé d'assurer ; mais que si, après avoir contracté
une assurance, elle vient à manquer par l'effet de sa négligence,
il a encouru une responsabilité telle qu'il doit réparer le préjudice causé. M. Dalloz (1) va même jusqu'à dire que, si parmi les

(1) Dall , 2, 93, 1863, note.

biens compris dans l'administration du tuteur, certains offrent des risques considérables d'incendie, comme une usine, une manu·facture, il y a obligation pour le tuteur d'assurer. Une conduite contraire ne serait pas celle d'un bon père de famille. Cette opinion n'est pas exagérée.

66. Le commissionnaire qui joue dans les assurances maritimes un rôle fort important, peut quelquefois être obligé de faire assurer des marchandises contre les risques terrestres. La police qu'il souscrit dans ce cas peut être faite de deux manières différentes, ou pour compte de telle personne désignée, ou pour compte de qui il appartiendra. Ces différentes manières d'énoncer le pour compte, ont pour motif la discrétion nécessaire dans les affaires commer-ciales. Mais l'assurance ne vaudra qu'autant que le véritable intéressé prouvera son intérêt à la conservation de la chose.

Le commissionnaire, nous dit Emerigon, ch. 5, sect. 8, est tenu de ses fautes *in omittendo*, comme de celles *in committendo*. S'il a négligé de contracter les assurances ordonnées, il est responsable du sinistre, non comme assureur, mais comme mandataire qui n'a pas accompli ses obligations. A défaut de pacte spécial, le commissionnaire n'est pas tenu de la solvabilité des assureurs, à moins qu'il ne fût coupable à cet égard de dol ou d'une faute caractérisée. Ces solutions sont généralement admises en matière d'assurances terrestres, comme elles l'étaient autrefois, et le sont encore aujourd'hui en matière d'assurances maritimes.

67. Tous ceux qui ont intérêt à la conservation de la chose, peuvent la faire assurer. L'usufruitier est dans cette position. En effet, la destruction, la perte de la chose anéantit son droit aux termes des art. 617 et 624. Tout le monde admet pour cette raison que l'usufruitier peut comme mesure conservatoire de son droit réel, être admis à faire assurer l'immeuble objet de l'usufruit. Mais quelle est l'indemnité qui doit être payée à l'usufruitier assuré en cette qualité? Comment aussi se réglera la prime? C'est aux assureurs, disent MM. Grün et Joliat, de rechercher un moyen de n'indemniser l'usufruitier que de ce qu'il a réellement perdu. Ils ne doivent pas percevoir la prime comme sur une assurance de la propriété entière, mais l'asseoir sur le calcul de

la valeur de l'usufruit. Nous reconnaissons combien doit être difficile et aléatoire cette estimation. On pourrait prendre pour base la loi de l'enregistrement qui évalue l'usufruit à la moitié de la pleine propriété. C'est d'ailleurs une question d'administration pour les compagnies et de convention pour les parties contractantes.

Si dans la police, l'usufruitier déclare ne faire assurer que son droit propre, et qu'on calcule la perception de la prime sur la valeur de l'usufruit, déduction faite de la nue-propriété, pas de difficulté. Mais, si au contraire la prime est fixée sur la valeur totale de l'immeuble, le nu-propriétaire aura-t-il quelque droit à l'indemnité? Comme si le nu-propriétaire assure sans la participation de l'usufruitier et ne fait pas la déduction de l'usufruit, l'usufruitier aura-t-il à son tour quelques droits sur l'indemnité? En d'autres termes, le nu-propriétaire ou l'usufruitier assurant pour toute sa valeur l'immeuble, objet de leurs droits respectifs, peuvent-ils être considérés comme *negotiorum gestor* l'un de l'autre?

Un arrêt de la cour de Colmar a résolu affirmativement cette question :

« La cour considérant, qu'étant de principe que l'on ne peut pas assurer la chose d'autrui, il en résulte que, toutes les fois que l'assurance comprend des choses qui n'appartiennent pas à l'assuré, celui-ci agit, quant à ce qui appartient à autrui, comme le *negotiorum gestor* de la tierce personne, et comme courant, à ce titre, la chance, soit du désaveu, soit de l'approbation de l'opération ; désaveu qui n'aurait même pas pu avoir lieu au cas particulier, puisqu'il s'agissait de l'assurance d'une chose indivise, et même indivisible quant à l'assurance qui, se faisant dans le véritable intérêt de la chose, obligeait, par cela même, celui dans l'intérêt duquel il avait lieu, d'y contribuer pour sa part : qu'ainsi, et au cas particulier, l'appelant, en assurant l'usufruit de sa maison, aussi bien que la nue-propriété, n'a pu assurer l'usufruit que pour le compte et dans l'intérêt de celui qui en était propriétaire, sauf à lui demander de contribuer au paiement annuel du prix de l'assurance dans la proportion des droits d'usufruit, c'est-à-dire pour un quart du prix de cette assurance ; ce que les intimés n'ont jamais refusé, et ce à quoi ils ont formellement consenti à l'audience ; — Que, s'il pouvait en être autrement, si le nu-propriétaire pouvait en même temps et dans son seul intérêt, assurer l'usufruit comme la nue-propriété, il en résulterait qu'il aurait intérêt à l'incendie de la maison, puisque par là il recevrait le prix de cet usufruit, qui cependant ne lui appartient pas : ce qui pourrait avoir les plus fâcheuses conséquences, que l'on a reconnu indispensable d'éviter, en établissant, en principe, que l'on ne pouvait pas assurer la chose d'autrui.

» Colmar, 25 août 1826. »

Cette opinion est soutenue par Dalloz, v° ass. n° 69; Persil, 124; Quesnault, 515 ; Boudousquié, 56.

Une décision plus récente de la cour de Besançon tendrait à faire prévaloir l'opinion absolument contraire :

« La cour, considérant, en droit, que les conventions n'ont d'effet qu'entre les parties contractantes, et qu'elles ne peuvent profiter à un tiers qu'au cas où elles renfermeraient une stipulation à son profit ; — Qu'il résulte des circonstances de la cause, qu'en traitant avec la Compagnie d'assurances le *Palladium*, Marion, nu-propriétaire du bâtiment incendié, avait traité en son nom et dans un intérêt exclusivement personnel ; Que jusqu'au sinistre advenu, il a seul payé la prime de l'assurance ; qu'ainsi, il est impossible d'admettre que l'intimé ait agi comme le *negotiorum gestor* de Saussel, et que celui-ci puisse, à ce titre, profiter d'une convention, aux termes comme aux charges de laquelle il avait entendu rester jusqu'à ce jour étranger. »

Dalloz, 56, 2, 96.

MM. Grün et Joliat avaient enseigné cette doctrine.

L'un et l'autre système nous paraissent trop exclusifs, et la vérité ici est, comme en beaucoup de difficultés, entre les extrêmes. L'assurance de la pleine propriété faite isolément par l'usufruitier ou le nu-propriétaire ne peut pas donner *à priori* le droit d'en profiter à celui qui est resté étranger à la police ; il faudra qu'il prouve que le souscripteur de la police a agi pour l'excédant de son intérêt comme son gérant d'affaires. La question restera tout entière dans ce fait.

Enfin, l'usufruitier pourrait-il profiter de l'assurance faite par la personne qui lui a légué l'usufruit? Cette question a été savamment traitée par Proudhon (*Traité de l'usufr.*, n° 1596 et suiv.). Nous nous bornerons à analyser ses solutions qui paraissent exactes : 1° l'assurance ne porte que sur une maison déterminée. Le légataire de l'usufruit n'étant pas tenu des engagements du défunt vis-à-vis la Compagnie, et le droit à l'indemnité n'étant que la conséquence de l'obligation de payer la prime, le légataire qui n'est point débiteur de la prime, n'est pas non plus créancier de l'indemnité. Les actions résultant du contrat d'assurance passent activement et passivement à l'héritier seul ; 2° l'usufruit a été établi sur l'immeuble d'un domaine dont faisait partie le bâtiment incendié. La circonstance qu'une partie de la chose sur laquelle reposait le droit d'usufruit est intacte, n'empêche pas que l'usufruitier est étranger au contrat personnel par lequel est lié le légataire de la nue-propriété. Il doit rester étranger à l'indemnité payée par les assureurs ; 3° le testateur a légué l'usufruit universel ou à titre universel des biens dont le bâtiment incendié faisait partie. Le légataire universel ayant le droit de jouir de tous les biens et des actions héréditaires, peut prétendre à l'indemnité due par les assureurs, parce que c'est une créance de la succession. D'un autre côté, il y a droit comme étant obligé au paiement de la prime qui est une des charges annuelles dont il est tenu. Si l'assurance était résiliée faute du paiement de la prime, le légataire serait responsable de la perte envers le propriétaire.

68. L'examen de ces dernières questions nous conduit naturellement à l'étude d'une autre à la fois plus difficile et plus importante. Le cessionnaire de la chose assurée acquiert-il, par l'effet de son contrat, les bénéfices de l'assurance et en assume-t-il les charges? Dans la pratique, cette question ne soulève de difficultés que par suite du silence du contrat. En effet, la plupart des Compagnies à prime stipulent dans leurs polices que l'assuré sera tenu de déclarer les mutations de propriété, et qu'elles seront libres de résilier l'assurance ou de la continuer avec le nouveau

propriétaire. Les Sociétés mutuelles insèrent ordinairement dans les actes d'adhésion qui forment l'engagement d'assurance, que le sociétaire, en cas de vente, obligera son acquéreur à remplir les engagements pris dans l'acte d'adhésion. La Compagnie d'assurances générales contient une disposition beaucoup plus simple, art. 6, § 2. « En cas de décès, de vente ou de donation, les héritiers ou nouveaux propriétaires doivent déclarer leurs qualités dans le délai de deux mois à dater du jour du décès, de la vente ou de la donation, et faire mentionner leur déclaration sur la police, l'assurance continue de plein droit. Le parti le plus sûr pour les acquéreurs est de veiller à l'exécution de ces prescriptions. Mais si elles ne sont pas accomplies, le bénéfice du cédant passe-t-il au cessionnaire?

Emérigon qui a traité cette difficulté par rapport aux assurances maritimes, arrive à conclure que l'acquéreur profite de l'assurance contractée par son vendeur, et cela par les quelques précisions suivantes : 1° la vente des effets en risque est un acte absolument étranger aux assureurs qui n'y sont pas intervenus, et auxquels il ne peut ni nuire ni profiter; 2° l'assurance est un contrat accessoire attaché à la chose assurée et qui ne peut subsister indépendamment de son objet; 3° l'acheteur représente le vendeur (L. 17, § 5, *de pactis.* — L. 15, *Cod. de cont. stip.*); 4° il serait aussi injuste qu'odieux que le vendeur reçût deux fois le prix de sa chose, de Luca, Disc. 5, n° 6; 5° en vendant les effets assurés on est présumé céder l'assurance qui y était attachée : « appellatione rei simpliciter, etiam alio non expresso, » venit res cum omnibus suis accessoriis, juribus et pertinentiis » (Dumoulin, *Cout. de Paris,* titre *des fiefs,* § 1, gl. 5, n° 14; Despeisses, tom. 1, p. 571, n° 11). Les raisons qui ont pu paraître concluantes à quelques auteurs et entraîner leur opinion, sont cependant dépourvues de base solide.

Après la vente de la chose assurée, le vendeur ne peut être tenu de continuer à payer le prix des risques qu'il ne court plus. Toutefois, il est lié par un contrat synallagmatique envers les assureurs; si l'annulation du contrat peut émaner de lui seul, comme il empire la position des assureurs, il sera condamné à des dommages et intérêts, à moins que, par une clause spéciale, il ne contraigne son acquéreur à la continuation de l'assurance (*Journ. des ass.*, t. IV, p. 42). Le paiement des primes n'incombera plus au vendeur ; le contrat sera donc rescindé quant à ses obligations. D'autre part, l'assureur ne doit plus d'indemnité à qui ne doit plus de primes ; d'ailleurs, la perte n'est plus à la charge de l'assuré. Donc, entre l'assureur et l'assuré plus de lien ; le contrat est rompu.

Par quelle fiction de droit veut-on que le tiers acquéreur, étranger à cette convention, puisse en profiter ? Comment admettre au nom de ce contrat qui n'engage pas les deux parties actuellement en cause, que l'un puisse réclamer une prime non promise, et l'autre, exiger une indemnité en échange de laquelle il ne doit rien. En effet, l'acquéreur ne peut être forcé au paiement de la prime. Si son contrat est muet à cet égard, il ne succède point aux obligations de celui qu'il représente à titre particulier ; il peut répudier l'assurance souscrite par le vendeur, et conserver la liberté de s'adresser à une autre Compagnie. Mais s'il ne succède pas à l'obligation, il est évident qu'il ne succède pas aux droits corrélatifs. L'obligation de l'assuré s'étant évanouie, l'obligation de l'assureur se trouve sans cause et doit disparaître aussi. Ces raisons répondent suffisamment aux principes invoqués par Emerigon.

Mais *quid juris*, si la prime a été payée ? Alors il peut se présenter une double situation.

Ou bien la prime a été acquittée par l'acquéreur, au lieu et place de l'ancien assuré. Dans cette première hypothèse, nous pensons que la réception de la prime dans ces conditions, prouve l'intention de l'assureur de substituer le nouveau propriétaire à l'ancien. Sur ce point, presque tout le monde est d'accord. La divergence est, au contraire, bien grande sur la seconde hypothèse.

Ou bien la prime n'a pas pu être refusée par l'acquéreur, parce que la vente a été faite au moment où elle venait d'être payée par le vendeur encore propriétaire, et que le sinistre est survenu avant qu'il n'y ait eu lieu à la payer de nouveau. Ainsi, Paul fait assurer sa maison pour 20,000 fr., et paie la première prime au moment de l'assurance. Quelques mois après, il revend son immeuble qu'un incendie détruit avant la fin de la même année. Paul n'éprouvant aucun préjudice par suite de cette perte, ne peut réclamer le montant de l'indemnité. Mais Pierre, l'acquéreur, croyant succéder au contrat d'assurance, souscrit par son vendeur, attendra avec confiance la seconde échéance de la prime ; pourra-t-il obtenir l'indemnité ?

On invoque en faveur de ce dernier deux considérations, rapportées plus haut, et posées comme des principes par Emerigon, à savoir : que l'assurance est un contrat accessoire attaché à la chose assurée ; que le vendeur est censé en transporter le bénéfice par la vente ; et on croit appliquer ainsi l'article 1615 Code Nap. « L'obligation de délivrer la chose comprend tous ses accessoires. » Or, l'assurance est l'accessoire de la chose assurée, puisqu'on ne peut l'en séparer, et l'acquéreur est l'ayant-cause de son auteur, même à titre particulier, pour tous les droits accessoires de la chose vendue. Enfin, la cession d'une créance comprend la cession des priviléges, hypothèques et cautions qui en garantissent le remboursement. Or, par analogie, toutes les garanties qui servent à protéger la propriété contre les chances de destruction, sont transportées avec la propriété elle-même. Quel intérêt le vendeur aurait-il à les garder devers lui ? Bien plus, il a intérêt à s'en dessaisir pour transporter la propriété avec son entière valeur. D'ailleurs, la Compagnie est obligée, puisqu'elle est payée ; la prime qu'elle a reçue est la cause déterminante de l'obligation qu'elle a souscrite. Elle s'est engagée, non en considération de la personne, mais en considération de la propriété, de sa nature et de l'usage auquel elle est destinée. L'obligation de l'assureur subsiste donc, et avec elle les droits d'exception qu'elle pourrait soulever contre le changement de destination de l'immeuble ou contre les risques nouveaux auxquels il peut avoir été volontairement soumis. Cette opinion est suivie par MM. Quesnault, nᵒ 212 ; Boudousquié, 172 ; Persil, 178 ; Alauzet, 142 ; Grün et Joliat, 86.

A ces considérations et à ces autorités, on peut cependant répondre avec avantage par les principes les plus certains du droit déjà invoqués dans l'examen général de cette question. Quoi ! dit

M. Thiercelin, ce lien de droit réciproque qui enchaîne l'assuré et l'assureur naîtrait d'un fait auquel ce dernier est resté étranger! Un acte de vente produirait cet effet d'obliger virtuellement l'acquéreur envers un tiers! Il y a dans cette doctrine une confusion fâcheuse des principes qui régissent la matière des droits réels et de ceux qui régissent la matière des droits personnels. Quand une personne vend un immeuble, elle le vend tel qu'il est, diminué des droits réels de servitude, d'usage, qui peuvent le grever. Mais le contrat d'assurance n'affecte la chose d'aucune charge réelle; s'il a créé des obligations réciproques dont l'existence de cette chose a été la cause occasionnelle, ces obligations s'éteignent quand la chose change de mains; elles ne la suivent pas nécessairement (Dalloz, 1867, 2, 75; note de l'arrêtiste).

Si l'assurance était un accessoire de la chose avec le sens que veut donner à ce mot le système opposé, l'acquéreur ne pourrait obtenir ce droit que tel qu'il a été constitué avec la charge de payer les primes; or, les partisans de l'opinion contraire reculent devant cette logique conséquence. Quelle serait donc cette position exceptionnelle faite à l'acquéreur qui pourrait réclamer le bénéfice d'un contrat sans être tenu des obligations qu'il engendre? Il n'est pas exact non plus de soutenir que la considération de la personne n'entre pour rien dans le contrat d'assurances. Telle Compagnie a traité avec Paul qui n'aurait pas traité avec Pierre; car il n'est pas indifférent aux assureurs d'avoir à faire à telle personne plutôt qu'à telle autre. Le caractère et la moralité de l'assuré peuvent devenir pour les Compagnies des obstacles au contrat. (L'observation est plus vraie en théorie qu'en pratique). Il faut donc conclure que, dans ces conditions, le bénéfice de l'assurance ne passe pas du vendeur à l'acquéreur. Cette solution, commandée par les principes juridiques, doit, en bien des circonstances, être contraire à l'équité, et tromper la confiance mal éclairée d'acquéreurs de bonne foi. Il serait indispensable que l'attention du législateur fût mise en éveil et qu'une loi réglât cette situation, comme l'a déjà fait le Code prussien. « Un changement dans la personne du propriétaire de la chose assurée n'en produit pas dans l'assurance (2165).

Reste sur ce point une dernière hypothèse à examiner. Si celui qui avait contracté l'assurance l'a expressément cédée à l'acqué- reur, de quel effet sera cette clause de leur contrat par rapport à l'assureur ? Occupons-nous d'abord de la cession de l'assurance pour la durée entière. Cette cession sera sans valeur. En effet, de deux choses l'une, ou l'assureur intervient, ou il n'intervient pas. S'il intervient, il accepte l'acquéreur comme débiteur de la prime ; il y a alors une nouvelle assurance et il n'est plus question de cession. S'il n'intervient pas, la cession est nulle pour deux motifs : d'abord, parce qu'on ne peut substituer à son lieu et place un débiteur sans être déchargé par le créancier (1271) ; en second lieu, parce que par cette cession on engage l'assureur envers l'as- suré, et qu'on ne peut engager en son nom que soi-même (1119). Examinons, en second lieu, ce qu'il faut penser de la cession de l'assurance de l'année pour laquelle on a payé la prime. En prin- cipe, on peut transmettre ses droits à une indemnité même éven- tuelle, mais à la condition que cette indemnité pourra être due. Or, quand l'assuré a vendu, il ne peut plus avoir droit à aucune indemnité. Donc, nous pensons qu'il ne peut transmettre de droits à une chose sur laquelle il n'en a plus.

69. Ceux qui sont responsables de la perte de la chose ont un intérêt très réel à sa conservation ; ils ont donc qualité pour l'as- surer. Leur intérêt sera évidemment la limite de leur droit. Ainsi, le locataire ou le fermier est responsable, aux termes des articles 1733 et 1734, de l'incendie de la maison, objet du bail. Cette lourde responsabilité, dont nous aurons plus tard à étudier l'étendue, a donné naissance à l'assurance spéciale, dite du risque locatif. L'aptitude légale nécessaire pour figurer dans ce contrat, ne saurait donc être contestée au preneur.

70. Nous arrivons à l'étude d'une question vraiment difficile : l'assurance faite par les créanciers. Un principe est hors de doute, c'est que tout créancier peut faire assurer sa créance contre l'in- -solvabilité possible du débiteur. Le contrat d'assurance n'est pas

limité dans son application à la conservation des biens corporels. Là n'est point la difficulté. Le problème réellement délicat se pose en ces termes : Le créancier peut-il stipuler l'assurance de son droit contre les risques qui menacent les biens de son débiteur? Cette question divise les auteurs. La raison de douter est puisée dans l'article 552 Cod. comm., qui limite à la personne du propriétaire et du commissionnaire le droit de faire assurer. Il faut, d'après nous, établir une distinction entre les créanciers hypothécaires et chirographaires.

71. Et d'abord, pour le créancier hypothécaire. Son intérêt à la conservation de la chose affectée à la sûreté de sa créance est évident; car la perte du bien grevé entraîne la perte de la sûreté, de laquelle dépend le plus souvent le paiement de la créance. Cet intérêt est reconnu tel par la loi, que dans le cas où l'immeuble hypothéqué vient à périr, le créancier hypothécaire peut exiger son remboursement ou un supplément d'hypothèque (art. 2131 Cod. Nap.). A ce premier point de vue, le créancier est recevable à faire assurer. Reste l'article 552 C. comm. Mais on peut rester dans les termes de cette disposition, et accepter la solution que nous proposons, si on considère quelle est la véritable nature de l'hypothèque. Elle constitue un démembrement du droit de propriété conféré au créancier qui en est investi. Cette précision nous paraît péremptoire, elle est propre à rassurer tous les scrupules juridiques; elle justifie la distinction que nous avons établie entre les créanciers hypothécaires et chirographaires.

Mais on insiste, et si on reconnaît d'un côté certaines raisons qui pourraient faire admettre le créancier à l'assurance du gage de sa créance, on présente d'autre part des considérations qui l'en doivent faire écarter. L'assureur, dit-on, sera, après l'événement, substitué au créancier hypothécaire, qu'il devra toujours désintéresser. Alors, de deux choses l'une : ou bien il y aura bénéfice pour l'assuré, si les droits de l'assureur subrogé ne peuvent pas s'exercer utilement, si, en d'autres termes, le créancier ne devait pas venir en ordre utile, à supposer que l'incendie n'eût pas éclaté : ou bien il y aura bénéfice pour l'assureur, s'il est payé intégralement, puisqu'il aura perçu une prime sans avoir couru de risques.

Examinons cette dernière hypothèse. L'assureur rentrera dans l'intégralité de ses déboursés. Que fait cela au droit à l'assurance ? C'est tout simplement dire que l'assuré n'a pas subi de sinistres et qu'il a payé la prime en vue d'événements désastreux qui ne se sont pas réalisés. C'est ce qui arrive tous les jours dans ces conventions aléatoires. La première hypothèse, au contraire, aurait une valeur décisive, si elle était fondée. Oui, si l'assurance du gage hypothécaire assurait au créancier le remboursement total de sa créance, il y aurait souvent bénéfice, et dès lors danger. Mais tel n'est pas l'effet de l'assurance en question. Le créancier n'aura qu'un droit vis-à-vis des assureurs : celui de leur demander le paiement du dommage que lui cause la perte de l'immeuble hypothéqué. Il lui faudra donc démontrer qu'au cas de vente de l'immeuble détruit, son inscription lui donnait un rang utile ; il devra prouver qu'en ce cas il aurait été désintéressé, et dans quelle mesure. Sans doute cette appréciation sera délicate, difficile ; ces difficultés ne peuvent rien à l'existence du droit qui les engendre. Cette assurance du gage hypothécaire faite par le créancier lui-même, est le plus sûr et le plus vrai moyen de sauvegarder ses intérêts. Sans doute le créancier peut exiger, avant d'effectuer le prêt, que l'emprunteur place sous la garantie de l'assurance les immeubles qui doivent lui servir de gage. Mais comme l'indemnité payée par la Compagnie n'est point subrogée à l'immeuble, ainsi que nous le verrons, le prix en sera distribué entre tous les créanciers chirographaires et hypothécaires.

Mais pour éviter ce concours, il peut, et c'est ce qui arrive dans la pratique, se faire céder les droits à l'indemnité. Combien, toutefois, ce transport peut-il être illusoire ? Rien n'indique qu'il n'est pas primé par un autre transport, ni que des oppositions n'en paralyseront pas l'efficacité. Enfin, à le supposer valable et régulier, si le propriétaire assuré s'expose à une déchéance de droit ou conventionnelle, le créancier en supportera la peine et sa précaution sera devenue inutile. La véritable assurance de la créance hypothécaire reste donc celle qui est faite par le créancier lui-même pour son compte personnel.

72. Le même droit peut-il être accordé aux créanciers chirographaires ? Leur intérêt à la conservation des biens du débiteur ne saurait être méconnu. En définitive, ces biens sont leur gage (2092), et les obligations du débiteur sont à l'égard de tous des obligations personnelles. Toutefois, le lien juridique qui crée le droit réel sur l'immeuble déterminé du débiteur au profit du créancier hypothécaire, justifie le droit de ce dernier à l'assurance, et les doutes puisés dans l'art. 552 Cod. comm. se dissipent devant cette explication, tandis que le créancier chirographaire ne peut se prévaloir de ce droit né et direct à la conservation de l'immeuble. La vente, en faisant sortir du patrimoine du débiteur le bien assuré par le créancier hypothécaire, sera impuissante à détruire l'assurance parce qu'elle ne peut anéantir l'hypothèque, tandis que la même aliénation fera évanouir l'assurance contractée par le créancier chirographaire.

D'autre part, la destruction de l'immeuble du débiteur n'autorise pas le créancier chirographaire à exiger un paiement immédiat ou des sûretés supplémentaires, tandis que la perte de l'immeuble hypothéqué donne ce droit aux créanciers hypothécaires. Ces raisons, et toutes celles qui constituent des différences entre les créanciers hypothécaires et chirographaires pourraient, à mon sens, légitimer la distinction par nous établie entre les droits respectifs des uns et des autres dans la question qui nous occupe. Enfin, si en dehors du droit puisé dans la nature de l'hypothèque, les créanciers pouvaient assurer les biens de leurs débiteurs, où s'arrêterait on ? Ce serait ouvrir aux créanciers la porte de l'administration des biens du débiteur, leur donner le droit de faire faire des réparations, leur permettre de charger son passif ; par voie de conséquence, ils feraient assurer les biens de ceux qui lui doivent, les immeubles qui doivent leur revenir par succession. C'est peut-être à raison de toutes ces difficultés que l'article 332 Cod. comm. paraît limitatif. S'il doit être appliqué en matière d'assurances terrestres, le créancier chirographaire ne peut, en vertu de son droit propre, faire assurer les biens de son débiteur affectés d'une manière générale au paiement de sa créance.

75. Le gérant d'affaires peut-il contracter une assurance dans l'intérêt du maître? Dans notre droit, on peut poursuivre en justice l'exécution des engagements résultant de la gestion d'affaires (1375). Or, la question sera de savoir si le propriétaire sera forcé de donner son consentement aux opérations faites p r le gérant. Et pourquoi non, si l'affaire a été bien gérée, bien administrée. Préciser la difficulté, c'est la résoudre. On doit admettre que les assurances peuvent être faites par un tiers agissant comme *negotiorum gestor*, et sous la condition d'être ratifiées par le propriétaire.

Le Code prussien établit en principe la nécessité de pouvoirs spéciaux pour contracter une assurance au nom d'un tiers. Puis il ajoute : De la même manière qu'un contrat conclu sans pouvoirs au nom d'un tiers devient valable par le consentement de ce tiers ; ainsi en est-il du contrat d'assurances (art. 1950). Et l'on ne voit pas, en effet, sur quoi on pourrait baser une dérogation en matière d'assurances à un principe généralement admis pour les autres contrats. L'article 1951 du même Code ajoute, qu'en cas de silence pendant un temps déterminé, il y a ratification tacite. Le Code hollandais permet (art. 264) l'assurance pour le compte d'un tiers, soit en vertu d'un mandat spécial ou général, soit même à l'insu de l'assuré. La gestion d'affaires ainsi reconnue par les législations étrangères d'une manière nominative pour les assurances est implicitement autorisée par les dispositions générales de nos lois. Mais nous avons dit que la ratification du propriétaire dont l'affaire a été gérée, devenait nécessaire pour que le propriétaire pût profiter de l'assurance et pour que l'assureur fût obligé envers lui. Une triple situation peut se présenter : 1º ou bien l'assureur exigera *hic et nunc*, c'est-à-dire au moment de l'assurance, la ratification du propriétaire ; 2º ou bien pendant le cours de l'assurance ; 3º ou bien enfin il ne la réclamera jamais et en contestera la validité quand le sinistre aura éclaté. — 1º Le concours du propriétaire est exigé au moment du contrat par la Compagnie d'assurances, dont les statuts obligent les agents à ne traiter qu'avec le propriétaire ou un mandataire investi de pouvoirs directs, soit généraux, soit particuliers. La difficulté n'existera pas. 2° La Compagnie traite avec un tiers, qui gère sans mandat exprès les affaires d'autrui. L'assureur est engagé par ce contrat, sauf à lui à réclamer la ratification du propriétaire assuré. Que si cette ratification est demandée avant tout sinistre, l'assuré ne pourra conserver cette qualité qu'en la donnant ; s'il refuse, l'assurance sera rompue et le contrat destitué de tout effet. Si au contraire la Compagnie reste inactive et ne met pas le propriétaire en demeure de ratifier, c'est le cas de notre troisième hypothèse. 3° Le sinistre éclate ; le propriétaire assuré par un tiers ratifiera, c'est son intérêt, et alors sur quoi se fonderait la Compagnie pour refuser de tenir ses engagements ? Sur ce que le contrat a été fait par un tiers sans intérêt, sur l'art. 1119, d'après lequel on ne peut stipuler en son nom que pour soi-même ? Mais cet article est étranger à la gestion d'affaires. Quoi donc, dit M. Alauzet, quand les assureurs ont accepté les propositions d'assurance, qu'ils ont reçu la prime, qu'ils ont continué à la recevoir chaque année, sans demander justification ni du titre, ni du mandat, ils viennent, quand le sinistre est arrivé, contester la validité de l'assurance, c'est là une prétention contraire à toute équité, en opposition avec le texte des lois, aussi bien qu'avec la justice, et qui doit être repoussée, comme elle l'a été, par les tribunaux (Dalloz, 1865, I, 229).

Nous avons examiné les principales questions relatives à la capacité des parties, assureur et assuré ; nous arrivons à l'étude d'un autre point : quelles choses peuvent faire l'objet du contrat d'assurances.

CHAPITRE II.

DE L'OBJET DU CONTRAT.

74. C'est un principe élémentaire et applicable à toute convention, que le contrat ne saurait exister faute d'objet. On pourrait

croire cependant qu'en matière d'assurances maritimes, l'art. 365 du Code de commerce apporte une modification à cette règle fondamentale de l'article 1108 du Code Napoléon. « L'assurance faite après la perte ou l'heureuse arrivée des objets assurés, ne doit être déclarée nulle qu'autant qu'il y a présomption qu'avant la signature du contrat, l'assuré a pu être informé de la perte ou l'assureur de l'heureuse arrivée du navire. » Il suit de là que si cette présomption peut être écartée ou ne peut se produire, l'assurance aura pu avoir lieu, alors même que l'objet lui faisait défaut, c'est-à-dire que le contrat sera valable quand même il n'aura été conclu qu'après la perte du navire. Cette dérogation aux règles générales de l'assurance, s'explique par ce double motif, que le législateur a voulu favoriser une institution aussi utile que l'assurance, et que l'impossibilité de dire le sort d'un navire en cours de navigation, exclut toute idée de mauvaise foi de la part de l'assuré. Cette solution de l'article 365 du Code de commerce doit être restreinte aux assurances maritimes. Mais nous n'y voyons pas, à proprement parler, une dérogation à ce principe que l'objet est un élément indispensable à l'existence de toute convention. Le législateur seulement a transformé, *benignâ interpretatione*, en règle générale une clause qui serait devenue de style dans les polices d'assurances maritimes. En effet, un navire étant en cours de navigation, je peux très bien vous le rendre tel qu'il se trouve au jour du contrat. C'est introduire une chance de perte pour l'acheteur. Mais si les conditions qu'on lui fait du reste, le font passer par dessus cette considération, s'il consent, en un mot, nul ne viendra dire que ce contrat ne soit parfaitement légitime. Comment alors n'aurait-on pas pu faire assurer à cette condition, puisqu'on pouvait vendre sous la même modalité? C'est ce que n'auraient pas manqué de faire les assurés, dans l'impossibilité de constater l'état du navire ; c'est ce qu'auraient accepté les assureurs, c'est ce qu'a consacré, pour tous les cas, le législateur. L'assurance sera toujours valable, quand même le navire aurait déjà péri au jour du contrat, à moins que la preuve ou la présomption de la connaissance de cette perte ne puisse s'élever contre l'assuré. L'article 366 du Code de commerce a eu soin de spécifier un cas dans lequel il y aurait présomption que l'assuré ou l'assureur connaissaient le sort du navire.

En matière d'assurances terrestres, il est facile de constater, au moment de la convention, l'existence des choses qui sont l'objet habituel du contrat ; dès lors, l'assurance sera nulle, si, à l'heure de la signature de ce contrat, la chose qui devait en faire l'objet a été détruite ou n'existe plus. Mais, bien entendu, une clause particulière pourrait modifier cette disposition générale. De même qu'on pourrait vendre à Toulouse une maison sise à Paris, avec ses chances d'existence au moment de la vente, de même, on pourrait faire assurer, sous la même condition, un semblable immeuble. Mais cette précision, qu'il était bon de faire en théorie, se présentera fort rarement en pratique. D'ailleurs, presque toutes les compagnies stipulent que l'assurance ne courra que dès l'instant où la police sera signée. D'autres même ajournent l'heure de leur responsabilité au lendemain midi.

75. Tout objet exposé à un accident fortuit ou de force majeure, peut être assuré. L'assurance peut avoir lieu pour la valeur entière de l'objet, et il est même de l'intérêt de celui qui se fait assurer de déclarer toute la valeur assurable sur un même risque, afin de ne pas rester son propre assureur pour une partie. Ce conseil n'aurait pu être suivi d'effet sous l'ancienne jurisprudence, alors que l'ordonnance de 1681 (art. 18 et 19), avait défendu l'assurance de la valeur totale de l'objet, afin d'exciter l'assuré à une surveillance plus active. Le législateur moderne n'a pas renouvelé cette prohibition ; mais, par une circulaire ministérielle du 11 juillet 1818, les compagnies ont été engagées à ne pas couvrir la totalité de l'objet assurable. Aujourd'hui, et depuis longtemps, ces précautions ne sont plus observées, le contrat n'est plus limité, les opérations des compagnies ne sont plus restreintes, et l'assureur peut garantir une indemnité complète. Il est donc entendu que toute espèce de choses susceptibles de se détériorer par des accidents fortuits ou de force majeure, peuvent être assurées, si elles ne sont pas exceptées par une disposition légale ou si elles ne présentent pas un caractère illicite. De leur côté, les compagnies ont le droit d'excepter des choses qui, par leur nature, pré-

sentent des dangers trop grands ou sont exposées à des risques trop fréquents. Ainsi, par exemple, les salles de spectacle, les fabriques et dépôts de poudre à tirer, sont exclus par un très grand nombre d'assureurs. Certains objets mobiliers sont frappés de la même exclusion ; ainsi, l'or et l'argent, les billets de banque, les effets de commerce (1). Il serait facile de les enlever au milieu d'un incendie, et puis d'en faire supporter la perte à l'assureur. La spéculation pourrait pousser au crime. Que de difficultés, d'autre part, soulèveraient les réclamations de l'assuré.

L'assurance des marchandises est faite, tantôt sans désignation, tantôt avec désignation. La première est la plus fréquente ; elle est spéciale aux commerçants et engage les assureurs pour une valeur de marchandises déterminée, sans avoir égard à l'individualité des objets. La seconde est plus rare et n'aurait d'effet qu'en cas de perte de corps certains, spécifiés dans la police.

76. Le profit espéré de la marchandise ne pourrait-il pas constituer la matière du contrat d'assurance? Aux termes de l'article 367 du Code de commerce, le contrat d'assurance est nul, s'il a pour objet le profit espéré des marchandises. Cet article, écrit seulement pour les assurances maritimes, doit être appliqué aux assurances terrestres, parce qu'il est fondé sur le principe même de la matière. En effet, le profit est chose hasardeuse, subordonnée aux éventualités des spéculations industrielles ou commerciales; il peut s'élever beaucoup ou disparaître, suivant les influences du temps, du lieu, et la situation économique du moment ; il n'est donc pas certain, il n'est pas soumis à un risque déterminé, il est insaisissable et l'assurance ne saurait s'asseoir sur une base solide pour calculer ses chances. Ce serait plutôt et purement une gageure, ce qui est interdit par l'article 1965 du Code Napoléon. MM. Grün et Joliat appuient cette opinion par les considérations suivantes : « L'assurance du profit espéré deviendrait un bénéfice pour l'assuré. En effet, elle donnerait à l'assuré » non seulement l'indemnité de la perte réelle qu'il a éprouvée, » mais encore tout ce qu'il a manqué de gagner. Le bénéfice qu'il

(1) Statuts des *Assr. gén.*

» peut se promettre de la vente de sa marchandise est soumis à
» tant de chances diverses, que le sinistre sera souvent un événe-
» ment heureux pour l'assuré, en ce qu'il rendra certain et inva-
» riable ce qui n'était que précaire, et lui assurera un gain qui
» n'était pour lui qu'une espérance. » Voilà, pour nous, le véritable
état de notre législation. L'assurance du profit espéré est prohibée.
C'est pour cela qu'un locataire ne peut stipuler l'assurance d'une
indemnité à son profit, pour le cas où un événement fortuit, tel que
l'incendie, vient l'obliger à rompre son bail. Et cependant le commerçant, qui peut avoir un intérêt à conserver, en un tel endroit,
le siége de son établissement, éprouve bien un dommage par ce
changement. Mais cet intérêt ne saurait donner lieu à un contrat
d'assurances légitimes, disent les auteurs, parce qu'il serait d'un
profit espéré. On ne manque pas d'objecter à cette solution, qu'en
matière d'expropriation pour cause d'utilité publique, le locataire
peut obtenir et a droit d'obtenir une indemnité, qui comprend
alors le bénéfice espéré au possible. Le rapprochement est frappant
et perd, toutefois, son utilité, si on considère que l'assurance n'a
jamais été regardée comme la représentation des dommages et
intérêts.

Ces théories nous paraissent juridiquement exactes; mais les
nécessités du commerce exigeraient une réforme qui, sur ce
point, fit entrer notre droit en harmonie avec les législations de
divers pays, tels que l'Angleterre, où le profit espéré est assurable en tant qu'on ne le sépare pas de l'assurance des marchandises; la Prusse, dont le code l'autorise si le contrat l'énonce
expressément; les Etats-Unis, où la loi ne lui impose aucune
entrave.

77. L'assurance sur risques ou marchandises de contrebande
est-elle valable? On distingue en général, si la contrebande résulte
des prohibitions de la loi française ou de la loi étrangère, en d'autres
termes, si la contrebande doit s'exercer en France ou à l'étranger.
Dans le premier cas l'assurance est prohibée, car la marchandise,
dont l'importation ou l'exportation est interdite, étant mise hors
du commerce ne pourrait pas plus faire l'objet d'une assurance
que d'une vente. Il faudrait déclarer nulle une pareille con-

vention, qu'elle eût pour objet de garantir les marchandises contre la confiscation, contre les dangers du feu ou autres risques. Que s'il s'agit au contraire de marchandises importées à l'étranger en contravention à la loi de ce pays, les assureurs français pourront les assurer. La violation des lois de la douane d'une nation étrangère ne blesse pas la conscience. Valin et Emerigon considèrent cette assurance comme valable (ch. 8, sect. 5). « Les lois et la jurisprudence anglaise, disent MM. Grün et Joliat, favorisent dans toute circonstance la contrebande faite chez les nations étrangères, et l'assurance, dans ce cas, n'est pas illicite; mais il faut que l'assureur ait connaissance de la contrebande pour pouvoir garantir ce risque. Cette solution a été consacrée par un arrêt rendu le 23 août 1855 (55, 1, 804, Sir.). »

78. Nous avons eu occasion, dans le chapitre précédent, de parler de l'assurance des droits d'usufruit, d'usage ou habitation, de la responsabilité des locataires. Nous reviendrons plus loin sur certaines questions soulevées par la garantie de ces divers droits.

Le recours du voisin peut encore faire l'objet du contrat d'assurance. Cette action du voisin puise sa source dans l'art. 1382 Code Nap., aux termes duquel celui-là est recevable à demander une réparation qui a subi un préjudice par le fait ou la faute d'autrui. Si ma maison prend feu par la communication de l'incendie qui a éclaté dans un immeuble contigu, je puis réclamer au propriétaire de ce dernier, la réparation du préjudice éprouvé. C'est contre ce recours que l'assurance est permise et usitée en pratique.

79. Nous n'avons parlé, jusqu'à présent, que des assurances ayant pour but de garantir les propriétés contre les risques du feu. Mais la fortune publique gagnerait beaucoup à la multiplication des assurances contre les autres risques qui peuvent l'atteindre. Il n'est pas douteux que la grêle, la gelée, la sécheresse, l'inondation, les maladies particulières des produits de la terre, l'épizootie, et les divers accidents qui frappent l'homme dans sa personne ou dans ses biens, puissent être garantis par les compagnies. Il est à désirer, dit M. Pouget, que l'assurance sur les produits de la terre se propage, que les dommages de l'agriculture soient atténués;

car la perte annuelle, en récoltes de toute nature, par suite de grêle, gelée, sécheresse, inondation, est de plus de soixante millions par année, et a coûté, depuis vingt-cinq ans, plus de treize cent millions pour l'importation du blé étranger. En 1839, les pertes sur récoltes avaient été de cent deux millions (*Dict. des assur.*, v° *Matière du contrat*, n° 9). Ces résultats témoignent trop hautement des avantages que l'assurance pourrait apporter à l'agriculture, pour qu'il soit besoin d'y insister. L'enquête qui s'est faite sur cette branche principale de la richesse de notre pays, révélera peut-être la nécessité de ce remède, à côté de bien d'autres (1).

Quelques Codes étrangers contiennent des dispositions spéciales sur les assurances contre la perte des récoltes ; ils déterminent les énonciations que doit contenir la police, le temps de l'assurance, le mode de l'indemnité (Code hollandais, art. 299 à 301 ; Code de Wurtemberg, art. 492 à 495). Il serait bon, dans une loi sur la matière, de suivre cet exemple. Que si, à côté de cette assurance contre la grêle, on voyait se développer l'assurance contre l'épizootie, l'amélioration pourrait être plus efficace encore. Il serait à désirer que les compagnies à prime fixe, contre la grêle et l'épi-

(1) La question des assurances agricoles, c'est-à-dire des assurances contre la grêle, l'épizootie, les inondations est si importante, qu'elle a fait surgir, il y a peu d'années, la proposition de les confier à l'Etat. Ce projet, discuté dans un des grands corps de l'Etat, avait abouti à ce résultat, difficile alors à obtenir, de l'établissement d'une mutualité qui embrasserait toute la France.

Voici comment s'exprimait M. Baroche, président du Conseil d'Etat, dans la séance du Sénat, du 26 février 1862 : « Quant aux assurances générales, le Gouvernement a fait tout ce qui était en son pouvoir : un projet de grande société lui avait été présenté ; pour son organisation, sous forme de société anonyme, l'autorisation du Gouvernement était nécessaire, et il l'a accordée. »

Les débuts de la société n'ont pas été, dit-on, très heureux, mais le gouvernement ne pouvait rien à cet insuccès. Quant à intervenir directement dans les assurances agricoles ou urbaines, et à venir prendre la responsabilité des agents d'assurances, cela n'est pas possible. Le gouvernement ne pouvait que témoigner sa bienveillance et il l'a fait.

zootie, réunissent leurs efforts pour propager les sérieuses garanties qu'elles présentent, et dont la portée n'est pas assez comprise. Elles seraient plus puissantes que les sociétés mutuelles existant à cette heure et que les caisses départementales, dont l'insuffisance ne s'est fait que trop souvent sentir. Elles devraient aussi surveiller rigoureusement l'application des articles 459 à 461 du Code pénal, relatif aux maladies de bestiaux.

80. La récolte, les animaux que nous avons compris dans la matière assurable, figurent pour un chiffre considérable parmi les revenus des propriétés foncières. Puisque ces revenus peuvent faire l'objet de l'assurance, on se demande pourquoi, par exemple, les loyers d'une maison, qui en sont le produit, ne pourraient-ils pas être assurés (Alauzet, t. I, p. 157)? Il y a une raison pour en prohiber l'assurance, c'est que l'obtention de l'indemnité serait à la merci du propriétaire, dont l'obligation n'existerait, en quelque sorte, que sous condition potestative. Il pourrait repousser tous locataires, jouir à la fois de l'indemnité et de sa maison ; or, l'assurance ne doit jamais être une source de bénéfice pour l'assuré.

81. D'une pareille assurance à celle des intérêts d'une créance, il n'y a qu'un pas. Rien ne semble s'opposer à la légitimité d'un tel contrat, et on a vu même des compagnies se fonder pour garantir, à jour fixe, le paiement, non seulement des intérêts, mais encore des capitaux, du prix de vente d'immeubles à terme. Il y aurait, pour de pareilles assurances, il faut le reconnaître, des difficultés d'organisation ou d'exécution.

En suivant le même ordre d'idées, il s'est créé des compagnies d'assurances contre les faillites. L'article premier des statuts de l'une d'elles est ainsi conçu : la compagnie a pour but spécial : de rembourser aux assurés les pertes qu'ils éprouvent annuellement, par suite de faillites ou de cessations de paiement constituant l'état de faillite de leurs débiteurs ; 2° de réduire progressivement le nombre des faillites et d'arriver, peu à peu, à leur extinction. Quel avantage pour le commerce et pour la richesse publique, si un semblable but pouvait être atteint. Nous ne pouvons entrer dans le détail de ces assurances ; il nous suffit d'avoir indiqué quelles sont celles dont la loi comporte l'existence. Toutes celles que nous venons de parcourir peuvent se grouper sous une même dénomination générique : *assurances de solvabilité,* terme consacré par l'usage pour désigner cependant une espèce particulière, dont nous devons dire un mot.

82. La solvabilité d'une compagnie peut devenir l'objet de l'assurance. Ce genre d'assurance, d'une date très ancienne, et permis par l'ordonnance de 1681, n'est nullement prohibé par le Code de commerce, quoiqu'il n'en soit fait mention dans aucun de ses articles. Il faut dire que ce mode d'opérations, que les auteurs ont raison de reconnaître comme très légal, n'est pas usité en France. Dans l'assurance de solvabilité, le second assureur ne peut être considéré comme ayant simplement cautionné le premier et pouvant opposer le bénéfice de discussion. L'assuré doit seulement prouver l'événement qui donne naissance à son action, c'est-à-dire l'insolvabilité de l'assureur primitif. Mais cette preuve sera faite s'il rapporte, par exemple, un commandement non suivi d'exécution.

83. L'assurance de solvabilité était défendue, en Angleterre, par le statut de la dix-neuvième année de Georges II, qui ne la permettait que pour le cas d'insolvabilité constatée, de faillite ou de mort de l'assureur. Mais on employait une assurance équivalente. « Chacun, dit Marchall (liv. I, ch. IV), peut faire deux » assurances sur le même intérêt. L'assuré a le droit de pour- » suivre ensemble les deux assureurs, sans qu'il puisse recevoir » au-delà de la perte réelle. S'il ne s'adresse qu'à l'un d'eux pour » la totalité, l'assureur qui a payé conserve son action contre son » co-assureur, pour le faire contribuer au paiement. » On le voit, c'est un moyen de plus, pour l'assuré, de se garantir le remboursement de l'indemnité, en cas de sinistre. C'est là l'idée première qui a engendré la réassurance, la double assurance, les assurances antérieures et postérieures, la reprise d'assurances.

Et d'abord, si un assureur craint d'avoir pris à sa charge une trop lourde responsabilité, il peut faire réassurer les objets par un autre assureur. C'est ce que déclare l'article 342 du Code de commerce pour les assurances maritimes, et ce qui peut très bien se faire en matières d'assurances terrestres. La réassurance, dit

Emerigon (ch. VIII, sect. 14), est un contrat par lequel, moyennant une certaine prime, l'assureur se décharge sur autrui des risques maritimes dont il s'était rendu responsable, mais dont il continue cependant d'être tenu vis-à-vis de l'assuré primitif, avec lequel le réassureur ne contracte aucune sorte d'obligation. En effet, la convention intervenue entre le réassureur et l'assureur, à l'endroit des risques assurés par ce dernier, ne change en rien la position de l'assuré primitif dont l'action, en cas de sinistre, ne pourra être exercée que contre son assureur direct. Le contrat de réassurance doit être régi par les règles ordinaires qui régissent la convention dont nous traitons. Le réassuré est au réassureur ce que l'assuré est à l'assureur et réciproquement. Cette opération se traite surtout entre compagnies, pour équilibrer les risques, c'est-à-dire quand une compagnie est obligée de déverser sur une autre les sommes excédant, sur un seul risque ou sur plusieurs risques contigus ou communs, le maximum de garantie déterminé par les statuts et règlements.

De son côté, l'assuré doit pouvoir chercher à se garantir contre l'insuffisance de l'assurance qu'il a stipulée sur sa propriété. Nous avons déjà indiqué une des combinaisons qu'il peut prendre pour atteindre ce but, c'est l'assurance dite de solvabilité. Elle est légale, mais très peu usitée. Comment donc procéder? De deux choses l'une, ou bien l'entière valeur assurable ne sera pas couverte, ou bien elle le sera. Dans le premier cas, pas de difficulté en droit, puisqu'il y a un objet qui pourra faire la matière d'un nouveau contrat avec un nouvel assureur. Que si, au contraire, la valeur entière est suffisamment couverte, une combinaison se présente : au cas où l'assuré, trouvant la responsabilité de la Compagnie trop engagée et partant peu rassurante, voudrait avoir de nouvelles garanties, c'est de faire engager un second assureur à réparer les pertes que peut amener l'incendie ou la perte de l'objet assuré déjà par un autre; c'est, en d'autres termes, de faire une nouvelle assurance, ce qui, dans le langage technique de la matière, s'appelle *une double assurance*. Mais le moyen est-il juridique? La raison de douter vient de ce que toute la valeur assurable étant déjà couverte, il n'y a plus d'objet pour une assurance nouvelle. Cette raison de douter est, à notre avis, une raison de décider. Il manquerait à un tel contrat une des conditions essentielles à son existence (1108 C. Nap.).

Nous lisons, en effet, dans l'art. 558 Cod. comm. : « S'il n'y a ni dol, ni fraude (de la part de l'assuré), le contrat (de double assurance) est valable *jusqu'à concurrence de la valeur des effets chargés*, d'après l'estimation qui en est faite ou convenue. En cas de perte, chacun des assureurs est tenu d'y contribuer à proportion des sommes par lui assurées. Ce concours proportionnel n'a lieu que si les assurances sont faites le même jour. Si, au contraire, les polices sont de dates différentes, les plus anciennes excluent les suivantes, *dès que la valeur totale de l'objet assuré se trouve couverte.* » Ces dispositions nous paraissent fournir le critérium auquel on doit s'attacher pour résoudre le problème. La règle de contribution établie entre les assureurs au cas où les polices portent les mêmes dates, est fondée sur cette présomption, qu'ils ont connu la pluralité des assurances et ont voulu concourir conjointement, s'associer en quelque sorte dans la mesure de la somme garantie par chacun individuellement. Que si, au contraire, cette idée de société, cette solidarité ne peut se présumer, les premiers assureurs sont seuls tenus ; ils excluent les autres, parce qu'une fois la valeur entière de la matière assurable couverte, il n'y a plus eu d'objet et que le contrat a été nul.

Nous devons transporter aux assurances terrestres ces règles nettes et précises qui sont l'expression fidèle de la vérité juridique.

S'il y a preuve suffisante d'un accord entre assureurs de concourir conjointement à la réparation du sinistre, la contribution s'opérera au marc le franc. Si cette entente n'est pas présumable, le premier contrat tiendra seul ou les contrats successifs ne seront valables que jusqu'à concurrence de la valeur de l'objet assuré, les premiers excluant les derniers. Quant à la présomption légale établie en matière d'assurance maritime pour le cas où les polices porteront la même date, elle ne saurait être appliquée aux assurances terrestres en l'absence d'un texte précis. Car, on le sait, les présomptions légales sont de droit très étroit. Ce sera toutefois une considération de fait bien puissante. Il faut donc conclure que, si toute la valeur assurable est déjà couverte, les doubles assurances ne sauraient produire d'effet, à moins d'un accord ou d'une société entre les assureurs.

Mais comme il peut être de l'intérêt, soit de l'assuré, soit de l'assureur de faire diviser les risques, on a créé des combinaisons qui produisent le concours nécessaire entre les assureurs pour les obliger conjointement. Diverses clauses des statuts de Compagnies arrivent, par leur enchaînement, à faire présumer cette solidarité, même au cas où les polices sont de dates différentes. Ainsi, l'assuré est obligé, sous peine de nullité, de déclarer à son premier assureur la nouvelle assurance qu'il se propose de faire, et au second assureur l'existence de la première police. En examinant cette clause des polices, disent MM. Grün et Joliat, il ne faut pas en séparer les diverses dispositions. La première est celle qui oblige l'assuré, *sous peine de nullité*, de déclarer à son premier assureur la nouvelle assurance qu'il se propose de faire ; et au second assureur l'existence de la première police. Le premier assureur se réserve le droit de résilier la police, s'il conçoit des doutes sur la bonne foi de l'assuré. Le nouvel assureur ne consentira à s'engager qu'autant qu'il pourra raisonnablement supposer que les objets ne sont pas couverts par le premier contrat pour leur entière valeur. Dans cette situation et avec la condition insérée dans leurs polices, si les assureurs laissent subsister leurs contrats respectifs, c'est qu'ils s'engagent à garantir conjointement les objets assurés. Il en résulte, continuent les auteurs déjà cités, que la diminution survenue dans la valeur des choses assurées, s'applique également à l'un et l'autre contrat, et que tous deux doivent être réduits. Que si les polices sont muettes, et que les doubles assurances se produisent en l'absence de toute clause spéciale, il faudra s'en référer aux principes, dont nous avons essayé plus haut de démontrer la légalité.

Mais, si au lieu d'exiger la déclaration des assurances antérieures ou postérieures, une Compagnie oblige l'assuré à ne pas contracter avec une autre, cette clause servira de loi aux parties. « La raison de cette prohibition, dit un arrêt du 27 août 1829 » Dalloz, v° *Ass.*, n° 101), vient, de ce que cette clause a été

» conçue dans le but éminemment utile à la société, d'éviter tout
» contact quelconque avec les autres sociétés, et d'empêcher
» qu'elles ne s'immiscent dans son administration, y apportent
» des entraves et y fassent naître des discussions par suite d'in-
» térêts opposés. » Cette condition rigoureuse ne sera pas réputée
inaccomplie, si la seconde assurance a pour but de couvrir une
partie de l'objet que ne garantit pas la première. Mais l'assuré
devra être très circonspect. Les assurés peuvent, sans recourir aux
doubles assurances ou à l'assurance de solvabilité, employer un
autre moyen pour changer leur position vis-à-vis des chances d'une
assurance insuffisante ou d'une Compagnie qui a perdu leur confiance. Ce mode a été inventé par les Compagnies françaises à
prime fixe, dans le but de rivaliser avec les sociétés mutuelles. Il
s'appelle la reprise d'assurances. Voici en quoi consiste cette
convention.

Celui qui craint que son assureur ne remplisse ses engagements,
ou qui veut se soustraire aux éventualités de l'assurance mutuelle,
fait reprendre son contrat. Il s'adresse à un nouvel assureur qu'il
substitue à l'ancien, moyennant l'obligation imposée à celui-là de
tenir compte des paiements annuels à faire pour l'exécution du
premier contrat, et moyennant la subrogation aux droits de l'assuré, en cas d'incendie, contre le premier assureur. La reprise
d'assurances, dit M. Dalloz, n° 109, est indépendante du premier
contrat, les conditions peuvent en être entièrement différentes :
c'est un nouvel engagement que contracte l'assuré, sans qu'il puisse
pour cela se dégager du premier ; il substitue le dernier assureur
en son lieu et place pendant tout le temps que durera la première
police ; en cas de sinistre, il ne s'adresse qu'au nouvel assureur
qui l'indemnise : celui-ci subrogé aux droits de l'assuré poursuit
la première assurance et reste seul exposé aux chances de n'être
pas payé du dommage éprouvé, ou de ne l'être qu'après un long
délai. Il est évident que la reprise d'assurance ne pourra être critiquée par le premier assureur qui aurait imposé à l'assuré de ne
point contracter de nouvelles assurances, c'est-à-dire de doubles
assurances. On ne peut étendre cette prohibition et la clause qui
l'accompagne d'un cas à un autre.

APPENDICE.

84. En examinant quelles sont les choses qui peuvent faire l'objet de notre contrat, nous devons rechercher le but de l'assurance sur la vie, et savoir si cette assurance est autorisée par nos lois. L'importance de cette double question nous a paru mériter un article spécial.

Parmi les nombreux hasards auxquels sont exposés nos intérêts matériels, nous pouvons placer en première ligne l'incertitude de l'heure de la mort; elle est, en effet, plus ou moins fatale suivant qu'elle est prématurée ou tardive. De nos jours, l'initiative individuelle, le travail, le talent du chef de famille constituent très souvent son unique patrimoine. Que de gens comptent sur le temps et l'avenir pour assurer à leurs enfants l'aisance et le bien-être. Que la mort vienne à frapper l'homme placé dans ces conditions, elle sera plus qu'un deuil, elle deviendra la ruine de la famille. N'est-ce donc pas un des dangers les plus sérieux à conjurer que le préjudice immense que peut causer un tel décès? L'assurance sur la vie offre cette possibilité. Elle permet à chacun, moyennant une somme annuelle payée pendant la durée de sa vie, de laisser à ses héritiers un capital déterminé d'avance. Elle n'empêche pas le désastre, elle en répare les suites ; elle n'arrête pas la mort, elle relève les ruines que laisse son passage. Les Compagnies se basent, pour garantir ces résultats, sur le calcul des probabilités, sur les tables de mortalité; elles dressent des tarifs suivant chaque âge et la proportion du préjudice prévu qui est souverainement apprécié par les parties intéressées. Les primes versées sont capitalisées par la Compagnie, et cette capitalisation successive, dont les effets sont prodigieux, est une garantie sérieuse de l'exécution de l'engagement. Il ne servirait de rien d'entrer dans le détail de ces calculs; l'expérience a parlé, le problème est rigoureusement résolu, l'assurance est absolue (1).

(1) Pendant le cours de notre travail, nous avons eu connaissance d'une *Étude*

Cette physionomie de l'assurance peut être considérée comme la transformation d'un revenu ou d'un usufruit en nue-propriété. En

de M. Th. Huc, *sur le contrat d'assurances sur la vie,* lue à la réunion des Sociétés savantes de 1866. Il importe, autant pour remplir un devoir envers notre ancien professeur, que pour ne pas négliger l'examen d'une théorie nouvelle, de discuter les propositions de M. Huc, bien propres à modifier les usages des compagnies, si elles étaient acceptées. Nous ne toucherons, toutefois, qu'aux points principaux, négligeant la question des assurances faites sur la vie d'un tiers, que nous n'admettons pas en principe, et de la cession des contrats d'assurances sur la vie que nous croyons légale, dans un certain nombre de cas.

M. Huc pose cette question générale : les conventions connues sous le nom d'assurances sur la vie constituent-elles de véritables contrats d'assurances? Il répond sans hésiter : non. La plupart des conventions de ce genre, dit-il, malgré leur dénomination usuelle, n'ont aucune espèce de rapport avec l'assurance. Et il signale, pour discuter sa thèse, les différences suivantes (1), que nous nous permettrons de discuter :

« 1° Dans l'assurance proprement dite, c'est la valeur de l'objet, combinée
» avec les chances de risque, qui détermine d'abord le montant de la prime ;
» c'est ensuite la valeur de la chose au moment du sinistre qui détermine le
» montant de l'indemnité.

» Au contraire, dans les conventions improprement appelées *assurances sur*
» *la vie,* c'est le montant d'une somme à payer d'ores et déjà fixée par anticipa-
» tion qui détermine le montant de la prime. »

Cette première différence est la source de toutes celles qui vont suivre. Peut-elle autoriser la conclusion de M. Huc? Nous ne le pensons pas. En effet, tout le monde connaît le but de l'assurance : indemniser l'assuré de la perte subie, sans bénéfice pour lui. Si l'objet assuré a une valeur en quelque sorte absolue, intrinsèque, tangible, saisissable, l'évaluation faite au jour du contrat ne dispensera pas d'une estimation nouvelle à faire au jour du sinistre. C'est ce qui arrive dans l'assurance des bâtiments contre l'incendie. C'est ce qui explique pourquoi, dans la pratique, il n'y a pas d'expertise contradictoire entre l'assureur et l'assuré, au momen de signer la police.

Si, au contraire, la valeur de l'objet est purement relative, contingente, toute de convention, l'assureur et l'assuré fixent contradictoirement le chiffre de l'indemnité qui sera due au jour du sinistre. C'est ainsi qu'on procède dans l'assurance des objets d'art, galerie de tableaux, etc., etc., contre l'incendie. Si le feu les détruit, l'assureur paie sans expertise nouvelle. Ici, le montant d'une somme à payer d'ores et déjà, est bien fixé par anticipation, c'est bien le chiffre qui détermine le montant de la prime ; et cependant, qui a jamais pensé que cette convention n'était pas un contrat d'assurance ordinaire? Le mode d'exécution d'un contrat peut varier, suivant la chose qui en fait l'objet, sa nature restant la même. L'assurance sur la vie fonctionne précisément comme l'assurance des objets d'art contre l'incendie.

La première différence signalée par M. Huc n'existe donc pas avec les effets

(1) Page 2.

cffet, supposons qu'un industriel, un homme exerçant une profession libérale, un propriétaire perçoive sur ses bénéfices ou ses

qu'il lui attribue. Les mêmes raisons qui l'ont fait écarter, combattent auss
celle qui est indiquée dans le numéro 4 (page 2).

« En matière de véritables assurances, l'assureur a le droit de prouver, le
» cas échéant, l'exagération de l'évaluation faite par l'assuré; au contraire,
» dans les prétendues assurances sur la vie, l'assureur n'a jamais ce droit. »

Il n'est pas possible de contester le résultat d'une expertise faite contradictoirement et volontairement acceptée. L'assureur d'une galerie de tableaux est
dans ce cas : l'assureur sur la vie est dans le même cas. L'assuré qui s'engage
à payer la prime représentative de l'indemnité assurée est censé, aux yeux de
l'assureur, devoir éprouver un pareil préjudice par suite de son décès.

Examinons les autres différences.

2° « L'assurance proprement dite est essentiellement un contrat d'indemnité ;
» d'où il suit que la même chose ne peut être assurée en entier par plusieurs
» Compagnies, et qu'en cas de sinistre il ne peut être exigé qu'une seule
» indemnité.

» Au contraire, dans les prétendues assurances sur la vie on admet que
» l'existence de la même personne peut être assurée en même temps par plu-
» sieurs au profit du même intéressé, et que, le décès arrivant, il peut être
» exigé autant d'indemnités qu'il y a d'assurances distinctes. »

La même chose ne peut être assurée en entier par plusieurs Compagnies,
pour le motif bien simple qu'une fois la valeur complète de la chose garantie,
il n'y aurait plus d'objet pour les contrats postérieurs. — Il est bien difficile,
au contraire, d'apprécier dans quelle mesure un décès n'occasionnera plus de
préjudice, et, partant, à quel moment la valeur assurable sera épuisée. Celui
qui peut suffire aux obligations résultant de plusieurs contrats d'assurances sur
la vie, témoigne qu'il retire de son industrie des bénéfices considérables, et que
sa mort serait, pour sa famille, une grande perte. Plus l'assuré peut payer une
prime élevée, plus il a intérêt à la vie, plus aussi l'objet de l'assurance est
important. En cette matière, on peut arriver à cette conclusion : La valeur
assurable est proportionnée à la prime que l'assuré peut payer et qui est réglée
par sa convention avec l'assureur. La fraude ferait exception à l'application
de ce principe : *Fraus omnia corrumpit.* (Affaire La Pommeraye).

Ce système, qui nous paraît l'expression de la vérité, fait évanouir la différence
indiquée par M. Huc au n° 2, puisque la multiplicité des contrats concernant
le même objet n'est interdite qu'après épuisement de la valeur totale de la
chose, et que souscrire divers contrats d'assurances sur la vie, c'est prouver que
la valeur assurable de l'objet n'est pas épuisée.

La troisième différence indiquée par M. Huc n'existe pas à nos yeux. Nous
n'admettons pas qu'on puisse faire une assurance sur la vie d'un tiers, sans un
intérêt pécuniaire. M. Huc s'exprime ainsi :

3° Dans les véritables assurances, il n'y a qu'une personne matériellement
intéressée, soit comme propriétaire, soit comme créancier, qui puisse faire assurer
une chose.

Au contraire, dans les prétendues assurances sur la vie, on admet qu'une
personne peut, sans intérêt aucun, faire assurer la vie d'une autre, qu'il suffit

revenus la somme destinée à l'assurance, il distrait de son usufruit
(car les bénéfices donnés par l'exploitation d'une industrie, les

d'obtenir le consentement de cette dernière : les plus difficiles exigent un
intérêt d'affection, mais ils s'en contentent.

Passons au numéro cinquième.

5° Dans l'assurance ordinaire, chaque partie a intérêt à la conservation de la
chose.

Dans l'assurance sur la vie, l'une des parties a intérêt au décès de l'autre.
ou à son propre décès.

Remarquez que nous raisonnons dans l'hypothèse d'un contrat fait de bonne foi.
Dès lors, l'assuré qui veut par l'assurance garantir sa famille contre les désastres
d'un décès prématuré, n'a pas plus d'intérêt à sa mort, qu'un propriétaire
assuré contre l'incendie n'a intérêt à voir brûler sa maison. Cet argument
reviendrait à dire qu'il y a dans l'assurance sur la vie un péril qui doit la faire
proscrire. La réfutation se trouve ci-après, p 113 et 114.

Enfin, 6° Dans les véritables assurances il ne peut y avoir lieu au paiement
d'une indemnité que s'il y a eu sinistre.

Au contraire, dans les prétendues assurances sur la vie, il peut se faire qu'il
y ait lieu à indemnité sans qu'il y ait eu sinistre. Il existe, en effet, telle combinaison qui assure toujours une indemnité. Quel que soit l'âge où décède la
personne assurée, c'est-à-dire quand même elle arriverait à un âge biblique et
s'éteindrait de vieillesse. Or, on ne peut appeler *sinistre* un événement nécessaire, se produisant à l'extrême limite de la période assignée par la nature.

S'il n'y a plus sinistre, ainsi que l'explique M. Huc. il est vrai de dire qu'il
n'y a plus d'indemnité. Le paiement de la somme assurée n'est que la restitution
des avances faites par l'assuré, moins les intérêts et leur accumulation. Par
l'épargne, il serait arrivé à un résultat plus avantageux. L'aléa s'est tourné en
faveur de la Compagnie. Il n'est donc pas exact de dire qu'il y a indemnité
sans sinistre.

Nous pensons donc qu'il n'y a entre le contrat d'assurance ordinaire et sur
la vie aucune différence si radicale qu'elle puisse faire donner à ce dernier
une dénomination particulière. Le mode d'exécution de l'un et de l'autre peut
varier, leur nature reste la même.

Nous pensons spécialement que les assurances, en cas de décès pour la vie
entière, méritent le nom qui leur est habituellement donné.

S'ensuit-il que, par suite de cette dénomination, les parties puissent considérer ce contrat comme affranchi des règles ordinaires ? Que, par exemple, on
puisse le proposer sérieusement comme un moyen commode de faire à des
étrangers ou à l'un de ses enfants des avantages non rapportables et réduc-
tibles ? (Ce serait le grand intérêt pratique de la question que nous discutons.
Évidemment, non.

Les contrats d'assurances sur la vie peuvent rentrer dans le cas de l'art.
1121, C. Nap., et offrir le caractère d'une stipulation licite pour autrui. Mais
si cette libéralité contient un excès dans la valeur donnée, ou un avantage à
une personne incapable de recevoir, elle sera réductible, ou annulable suivant

honoraires d'une profession ou les revenus d'une propriété sont l'usufruit de l'industrie, de la profession ou de la propriété), une quote part qui lui garantit, pour une époque fixée, le paiement du capital. — En se basant sur les mêmes éléments, l'assurance offre la possibilité d'une autre combinaison ; nous voulons parler de la conversion du capital en rentes viagères. Des nécessités impérieuses peuvent contraindre des vieillards, des célibataires à aliéner leurs biens pour se procurer de plus forts revenus. Les Compagnies d'assurances s'occupent de ces transactions ; elles les désignent, suivant les formes multiples qu'elles sont susceptibles de recevoir, sous le nom de constitutions de rentes viagères, achats de nue-propriété, rachat d'assurances payables au décès, etc., etc. C'est ici la transformation de la nue-propriété en usufruit. Mais cette seconde figure de l'assurance sur la vie ne doit pas nous préoccuper. Elle est moins utile, moins prospère que la première, l'assurance en cas de décès, celle qu'on doit encourager de ses forces et de ses enseignements, et qui, si elle n'est pas la panacée universelle de tous les maux de l'humanité, est évidemment appelée à apporter la plus salutaire amélioration dans l'état économique de la société. Telles sont les formes principales que peut revêtir l'assurance sur la vie.

Ce contrat est-il moral ? Il suffit d'en connaître le mécanisme pour répondre très affirmativement. Le père de famille fait abstrac-tion de son bien-être personnel pour ne songer qu'à l'aisance future de sa famille et de ses enfants. Il peut par son travail, par son industrie, par sa position, donner pendant sa vie les commodités, le luxe, les agréments de l'existence à ceux qu'il aime. Mais si une catastrophe l'enlève à cette affection et aux besoins de ces chères existences, quel en sera le sort ? Une ressource se présente pour déjouer avec certitude ce revirement de position, c'est l'assurance sur la vie. Que le père de famille épargne chaque année sur ses

les dispositions du C. Nap. ; c'est ce que l'art. 1973 dispose pour la constitution d'une rente viagère sur la tête d'un tiers.

Quelque respect que nous inspirent les opinions de notre savant professeur, nous n'avons pu partager sa doctrine sur cette question, et nous en avons modestement indiqué les motifs.

revenus une certaine somme, qu'il contracte avec un assureur, et le jour dn son contrat il a défié l'avenir. La mort peut le surprendre ; un capital sera payé à sa veuve, à ses enfants. L'assurance est donc le secours des hommes qui, par leur seule activité, leur seule intelligence, se créent dans le monde une position brillante ou aisée, et qui, sans fortune patrimoniale, laisseraient leur famille dans la détresse, si la mort les enlevait au milieu ou au début de leur carrière.

Et pour ceux que la fortune a comblés de ces dons, l'assurance est encore une nécessité. Voyez plutôt ce qui se passe en Angleterre : « L'assurance y corrige ce que le droit d'aînesse nous » semble avoir d'injuste et d'étroit. Quand un père de famille ne » possède que des terres substituées, des majorats qu'il doit trans- » mettre intacts à son fils aîné, elle lui fournit un moyen facile et » infaillible de pourvoir à l'avenir de ses autres enfants. Les » revenus de ses domaines lui permettent des épargnes opulentes. » Il emploie parfois dix mille, vingt mille francs par an en » primes d'assurances réparties entre plusieurs Compagnies. Il » dotera ses filles ou ses fils cadets, en destinant à chacun d'eux » un de ses contrats. Il aura vraiment assuré leur aisance future » sans rien altérer de la fortune qu'il possède à charge de sub- » stitution. Ne serait-ce pas là pour nos grands propriétaires, » pour nos maîtres de forges, pour ceux qui ont fondé des mai- » sons de commerce très considérables, un bon exemple à » suivre ? (*Faut-il s'assurer ?* — VARIÉTÉS, par Francisque Sarcey). — Il faut donc reconnaître que cette convention, due à l'activité généreuse d'un bon père de famille, est exclusive de tout sentiment égoïste. Elle prend sa source dans de louables sentiments et cherche ses moyens d'exécution dans des principes d'ordre et d'économie. Le cœur y trouve une satisfaction sanctionnée par les plus hautes idées de morale, et la société son intérêt par un accroissement de richesse acquise au prix d'une sage prévoyance.

Mais, dira-t-on, le bénéficiaire du contrat aura intérêt à la mort de l'assuré. C'est là une de ces conventions, *plenæ periculosissimi eventus*, comme on disait dans le droit romain, et que la possibilité de dangers éventuels doit faire proscrire. La réponse est aisée. Nous la trouvons dans un travail lumineux de M. Rozy, sur la *Question des assurances sur la vie* : « La crainte de constituer une personne intéressée à la mort d'une autre n'a pas fait proscrire la constitution du droit d'usufruit, les rentes viagères, et l'organisation des successions *ab intestat.* (*Recueil de l'Acad. de Législ.*, 1865). Disons donc en concluant avec M. Alfred de Courcy : « Le moraliste et l'économiste apportent leurs suffrages à l'institution elle-même. C'est l'ingénieuse combinaison de l'épargne et de la sollicitude paternelle, la consolidation de l'aisance dans la famille, le gage de la stabilité des fortunes, c'est enfin, j'insiste sur le mot, la fondation du patrimoine. » (*Moniteur universel*, 12 juin 1865).

Un contrat que la morale inspire et protége ne saurait être repoussé par le législateur. Mais si, en fait, il devait entrer dans des dispositions législatives une prohibition quelconque en son endroit, il faudrait qu'elle fût formelle. Or, pas un texte ne se rencontre qui proscrive ce contrat ni dans le Code Napoléon, ni dans le Code de commerce.

Pourrait-on invoquer l'art. 10, tit. des ass. de l'ord. de 1681, qui s'exprime ainsi : « Défendons de faire aucune assurance sur la vie des personnes ? » Mais il ne faut pas se méprendre sur la portée donnée à ce texte avant la promulgation du Code Napoléon. Il y avait en quelque sorte contradiction dans la rédaction de l'ordonnance. L'art. 11 permettait d'assurer la liberté de l'homme et accordait, à ceux qui rachéteraient les captifs, le droit de faire assurer sur les personnes tirées d'esclavage le prix du rachat que les assureurs devaient payer en cas de mort du racheté (M. Rozy, *loc. cit.*). En dehors de ce cas l'assurance était prohibée ; mais on s'était inspiré de cette idée sérieuse et fondée, que les assurances sur la vie étaient en général des gageures que des tiers tentaient, près des assureurs maritimes, sur la vie des navigateurs. Cette prohibition était absolument étrangère aux transactions du droit civil.

Mais voici que se produit un fait important propre à diminuer l'autorité de l'ordonnance. Deux arrêts du Conseil du 5 novembre

1787 et 25 juillet 1788 autorisent à perpétuité l'institution des assurances sur la vie, et donnent des priviléges à des compagnies qui doivent opérer comme les assureurs actuels. Dans l'arrêt rendu par le roi, il n'est fait aucune allusion directe à la prétendue prohibition de l'ordonnance de la marine, alors en pleine vigueur, ce qui démontre clairement qu'elle n'était pas jugée applicable à l'institution nouvelle. L'arrêt se termine seulement par cette clause de style : « Révoquant Sa Majesté, en tant que de besoin, toutes di ....ons contraires au présent arrêt. » Il pourrait y avoir dans cette formule la révocation de l'interdiction de 1681, si c'est elle qu'on a voulu viser. (Voir un article en ce sens de M. Alfred de Courcy. — *Moniteur*, 9 oct. 1864.)

Les priviléges conférés à ces compagnies s'éteignirent en 1793. Depuis lors, de nouvelles compagnies ont été autorisées en 1818 et plus tard. Le Conseil d'Etat n'a été arrêté ni par l'ordonnance de 1681, ni par le Code de commerce. Sans doute, lors de la rédaction de ce Code, des orateurs du Gouvernement protestèrent contre les assurances sur la vie. Leur opinion n'est pas la loi. Le Code ne permet, il est vrai, d'assurer que les choses appréciables en argent. Mais de même que la liberté peut être assurée (Cod. comm.), de même la vie peut l'être. La liberté et la vie sont appréciables en argent. L'adage : *liberum corpus estimationem non recipit*, ne saurait infirmer nos conclusions. La vie de chaque individu peut être assimilée à un capital, puisqu'elle produit un revenu. C'est ce revenu que l'assurance garantit contre les risques de mort prématurée. De même que la loi assure à nos héritiers la possession de nos biens après notre décès, de même l'assurance leur garantit la survivance de notre travail, du produit que nous en tirons pendant notre vie (Voir en ce sens Eugène Reboul, *Des Ass. sur la vie*, p. 69). L'art. 334 Cod. comm. cède à ces considérations.

Mais il y a plus : l'assurance sur la vie est législativement reconnue. En effet, l'art. 37 de la loi du 5 juin 1850 porte : « Les compagnies et tous assureurs sur la vie pourront également s'affranchir de l'obligation portée par l'art. 33, en contractant avec l'Etat un abonnement de 2 fr. par 1,000 du total des versements faits chaque année aux assureurs ou aux compagnies. »

« Qui pourra croire après cela qu'une matière imposable, imposée comme l'est une police d'assurance sur la vie, n'ait qu'une existence de fait et de tolérance ? Est-ce que la contribution payée ne donne pas à l'institution qui la paie le droit de bourgeoisie, le droit de cité le plus nettement constaté et caractérisé par la plus grande publicité ? » (Rozy, *loc. cit.*).

Donc, l'assurance sur la vie est une institution morale, autorisée dès avant la législation qui nous régit, en conformité avec les principes de nos lois actuelles, reconnue par le Conseil d'État, consacrée par l'impôt qui la frappe, et sanctionnée par la jurisprudence. (Dall. 54, 1, 568. — 63, 2, 119, etc., etc.). Enfin, l'hésitation n'est plus permise après l'art. 66 du projet de loi sur les Sociétés, votée le 15 juin 1867 par le Corps Législatif, et promulguée pendant le cours de ce travail. Voici comment s'exprime cet article : « Les associations de la nature des tontines, et » les Sociétés d'assurances sur la vie, mutuelles ou à prime, » restent soumises à l'autorisation et à la surveillance du gouver- » nement. »

Nota. L'arrêt de 1863 indiqué plus haut, mérite de fixer l'attention. Il démontre que non seulement l'assurance, en cas de décès, est un acte de haute prévoyance, mais encore que les sacrifices que se sera imposés l'assuré recevront la seule destination qu'il leur aura donnée. Nous nous contenterons d'en citer la rubrique : « Est licite le contrat d'assurance par lequel une per- » sonne stipule que, moyennant une prime annuelle mise à sa » charge pendant sa vie, un capital sera payé, à son décès, à un » tiers (art. 1121, C. N.). Cette stipulation crée au profit du » destinataire du capital un droit qui naît dès le moment du » contrat, et qui simplement suspendu dans son exercice tant » que dure la vie de l'assuré, existe parallèlement à l'obligation » où est l'assureur de payer le capital au temps convenu. Il en » résulte qu'à aucune époque le montant de l'assurance ne tombe » dans le domaine de l'assuré, et qu'il ne peut dès lors être » revendiqué par ses créanciers à son décès. » Cette solution est appuyée par M. de Caqueray, professeur à Rennes, dans un article de la *Revue pratique.*

CHAPITRE III.

DE LA CAUSE DU CONTRAT.

85. Dans tout contrat synallagmatique, les obligations de l'un des contractants servent de cause aux obligations de l'autre. Donc, étudier la cause du contrat d'assurance, c'est étudier d'une part les obligations de l'assureur, de l'autre les obligations de l'assuré. C'est ce que nous allons faire dans les deux sections suivantes.

SECTION PREMIÈRE.

DES OBLIGATIONS DE L'ASSUREUR.

86. L'obligation de l'assureur consiste tout entière dans la réparation du dommage causé par le sinistre. Quel doit être le *quantùm* de ce dédommagement? Cette question doit êre examinée sous le rapport de la cause ou de l'étendue du dommage et sous celui de la valeur des objets assurés.

§ 1er.

De la cause ou de l'étendue du dommage.

87. L'assureur prend à sa charge les risques qui menacent les biens de l'assuré. On appelle risque, tout danger incertain dans son événement et dans son résultat qui expose une personne à quelque perte pécuniaire; mais il faut pour obliger l'assureur à cette responsabilité, que le danger soit prévu, indiqué, délimité d'avance

dans le contrat. Voilà pourquoi l'art. 348, C. C., s'exprime de la manière suivante : « Toute réticence, toute fausse déclaration de la
» part de l'assuré, toute différence entre le contrat d'assurance
» et le connaissement qui diminueraient l'opinion du risque ou
» en changeraient le sujet, annulent l'assurance. L'assurance est
» nulle même dans le cas où la réticence, la fausse déclaration ou
» la différence n'auraient pas influé sur le dommage ou la perte de
» l'objet assuré. » Le contrat d'assurance devra donc fixer avec précision les risques qu'il a pour objet de déplacer, soit qu'on veuille se prémunir contre les désastres de l'incendie, ou assurer ses récoltes contre la grêle, ou ses bestiaux contre l'épidémie. Parmi ces risques, il est facile de voir une double catégorie : les uns qui sont la suite d'une force majeure, d'autres qui peuvent provenir du fait, de la faute, ou de l'imprudence de l'homme. L'assureur répond-il également des uns et des autres ?

88. L'assuré peut-il réclamer la réparation du dommage causé par un sinistre dont il est l'auteur imprudent? L'ordonnance de 1681 relevait l'assureur du paiement des indemnités nécessaires pour la réparation d'un dommage qui provenait du fait ou de la faute de l'assuré. En effet, disait Emerigon, il serait intolérable que l'assuré s'indemnisât sur autrui d'une perte dont il serait l'auteur. L'art. 352 Cod. comm. a reproduit cette disposition : « Les dommages causés par le fait et faute des chargeurs, affréteurs ou propriétaires, ne sont point à la charge de l'assureur. » Ces principes sont appuyés de considérations touchant à l'ordre public. Il est évident, dit-on, qu'autoriser l'assuré à se faire garantir contre ses propres fautes, c'est l'encourager à d'imprudentes négligences et amener l'anéantissement de richesses que des soins plus vigilants auraient conservées. Ces principes de l'art. 352, disent MM. Grün et Joliat, n° 360, doivent s'appliquer aux assurances terrestres, parce qu'ils sont de l'essence de toute assurance ; que si l'assuré se sentait garanti contre sa propre négligence, il apporterait moins de soin à la conservation de sa propriété, et son indifférence pourrait devenir fatale à la société en multipliant les incendies. Cette théorie est développée par M. Dalloz, qui lui prête l'appui de son autorité.

Malgré les arguments et les considérations qu'invoquent les partisans de cette opinion, nous ne saurions penser que l'art. 552 écrit pour les assurances maritimes puisse s'appliquer aux assurances terrestres. L'armateur, le propriétaire du navire ou de la cargaison n'ont en vue que les accidents de force majeure, les hasards nombreux qui peuvent assaillir le navire en cours de navigation. La volonté de l'homme est impuissante à les provoquer ou à en tempérer les résultats : voilà pourquoi, le législateur interprétant l'intention des parties, met à la charge de l'assuré ses propres fautes. Si, dans l'assurance terrestre, les événements de force majeure, proprement dits, donnaient seuls naissance à l'obligation de l'assureur, la garantie cherchée dans le contrat deviendrait illusoire. Dans l'incendie, par exemple, l'assureur ne pourra-t-il pas prouver presque toujours que l'assuré a commis une faute, une imprudence et que le hasard seul n'a pas donné lieu au sinistre. Il n'y aurait que l'embrasement produit par la foudre dans lequel on ne pût voir un fait de l'homme. La prime ne serait pas alors un paiement, elle deviendrait presque une libéralité, tant deviendrait rare le risque garanti.

Notez d'ailleurs que la faute de l'assuré qui, à notre avis, est à la charge de l'assureur conserve encore au hasard une part bien large. Cette faute sera une négligence, une imprudence, un défaut de précaution ou de soin. Ainsi, par exemple, la loi romaine parle d'un boulanger endormi auprès de son four allumé : *Si fornarius servus coloni ad fornacem obdormisset et villa fuerit exusta* (L. 27, § 9, *ad legem Aquiliam*), il y a là une faute, sans doute, mais elle ne devait pas avoir pour résultat inévitable l'incendie qui a éclaté.

Ainsi donc, dit M. Fremery, la convention comprend, d'après la coutume universelle, et malgré le silence de la police sur l'étendue des risques, la garantie du dommage résultant de la faute de l'assuré (*Études de droit commercial*). Mais il faut que cette faute ne puisse être assimilée au dol; et le critérium pour distinguer celle qui reste à la charge de l'assuré est celui-ci formulé par le même auteur : l'assuré supporte le dommage qu'il a causé par sa faute, quand cette faute est tellement lourde,

qu'évidemment, s'il n'eût pas été assuré, il ne se serait pas abandonné à cet excès de négligence. C'est dire que l'assuré n'est pas
garanti contre son délit. Cette interprétation est légale et plus
équitable que celle de la doctrine contraire. D'ailleurs, le système
opposé est en quelque sorte en contradiction avec lui-même. Tous
les auteurs qui le soutiennent reconnaissent la validité de l'assurance du risque locatif. Or, en quel cas le locataire est-il responsable ? Lorsqu'il ne peut s'affranchir de la présomption de faute
écrite dans l'art. 1755, C. Nap. Si donc, vous reconnaissez la
validité de l'assurance contre le risque locatif, vous admettez la
validité de l'assurance contre les fautes légères ou les imprudences
de l'assuré. Enfin, et d'un autre côté, rejeter à la charge de l'assuré ces imprudences que l'homme le plus précautionné peut
quelquefois commettre, c'est interpréter le contrat dans un sens
avec lequel il ne peut produire aucun effet.

MM. Grün et Joliat font observer que toute perte étant censée
être le résultat d'une force majeure, si le contraire n'est prouvé,
les assureurs en pratique n'opposent sa faute à l'assuré que
lorsqu'elle est évidente, ou qu'elle a été reconnue par jugement. Il
serait très difficile dans les circonstances ordinaires de prouver la
faute de l'assuré. Et qu'importe cette exécution volontaire que
s'imposent les assureurs quand ils ne peuvent faire autrement,
quand l'issue d'un procès doit leur être défavorable? Ce que
nous défendons, c'est le principe, et pour nous le principe est
celui-ci : l'assuré par la police s'est fait décharger de toute responsabilité de son fait, pourvu qu'il n'ait pas commis une faute
assez grave pour qu'on le regarde comme ayant occasionné volontairement l'incendie. Cette opinion est soutenue par M. Fremery
(Persil, nos 16, 17 et 18 ; Alauzet, 161 et 162 ; Toullier, t. 2,
p. 254). Ainsi, le défaut de ramonage ne peut point fournir une
exception à l'assureur, quand même l'incendie en serait résulté.
C'est là une simple contravention; la modicité de l'amende
prouve qu'il n'y pas eu faute grave de la part du contrevenant.
Or, nous ne mettons pas les fautes légères à la charge de l'assuré
(Persil, no 21).

Il reste, pour terminer cet examen, la question de savoir si les assureurs sont tenus de la faute des personnes dont l'assuré est responsable. L'art. 1384 et la règle que l'assureur ne répond que des cas fortuits sembleraient conduire à la négative ; c'est sur ces motifs qu'est fondée la disposition de l'art. 353 C. Com. « L'assureur n'est point tenu des fautes et prévarications du capitaine et de l'équipage, connues sous le nom de baraterie du patron, s'il n'y a preuve contraire. » En voulant rester dans les limites du droit fixé par cet article, on doit tout au moins reconnaître la validité de la clause qui aurait pour effet de mettre à la charge de l'assureur les fautes des personnes dont on est responsable. Mais nous allons jusqu'à dire qu'il est dans l'intention des parties de la supposer. Car les incendies proviennent presque toujours de l'imprudence des habitants de la maison, et les risques de l'assureur seraient par trop diminués, s'ils ne garantissaient que les cas tout à fait fortuits où la communication du feu par la maison voisine. Pour éviter toute difficulté, l'insertion de la clause dont s'agit serait utile. Reconnaissons en fait que les compagnies ne soulèvent jamais ces contestations (Grün et Joliat, 161 ; Alauzet, 309 ; Toullier, t. 2, p. 177).

89. Quelle est l'étendue des risques contre lesquels assurent les compagnies? L'incendie s'entend de tout accident causé par la combustion ou par l'action directe du feu, quelque peu considérable que soit l'objet brûlé ou endommagé : cette formule est générale et doit recevoir l'application la plus étendue. Les compagnies en général garantissent non-seulement contre le feu dû à des causes ordinaires, mais contre les accidents de la foudre et le feu du ciel. Dans ce dernier cas, la combustion ne sera pas nécessaire pour engager la compagnie. Il suffira d'un dégât quelconque, d'un effondrement, par exemple, pour ouvrir le droit de l'assuré à une indemnité. Dans le cas d'un embrasement général, alors même que certains objets n'auraient pas été touchés par les flammes, il n'en faudrait pas moins décider que leur détérioration, résultat de l'incendie, devra être tenue en compte dans l'appréciation du dommage, tout comme les dégradations commises par les pompes à incendie. Enfin, les démolitions ordonnées par l'autorité compétente pour arrêter les progrès de l'incendie sont en-

core à la charge de l'assureur. Ce dernier point fait ordinairement l'objet d'une des clauses de la police. Ainsi : « si les bâtiments assurés par la compagnie sont endommagés ou détruits par ordre de l'autorité pour arrêter les progrès d'un incendie, la compagnie rembourse les dommages (art. 14, *Ass. gén.*). » Cette question, qui aurait pu donner lieu à quelques controverses, est ainsi tranchée dans son vrai sens par les compagnies elles-mêmes.

Il ne faut pas facilement transporter aux assurances terrestres la décision de l'art. 352 en matière d'assurances maritimes. Cet article décharge l'assureur de toutes les pertes provenant du vice propre de la chose. On comprend que sous prétexte d'avaries, de mauvais état ou de suites du voyage, bien des difficultés pourraient être soulevées contre les assureurs maritimes, et que le législateur a dû établir une règle à suivre en cette matière. Mais venir dire que dans les assurances terrestres, et spécialement en cas d'incendie, le vice propre de la chose pourra être allégué par l'assureur, ce serait dénaturer la convention des parties elles-mêmes. Sans doute, les risques sur certaines denrées sont considérables, sans doute certaines sont de nature à s'enflammer elles-mêmes, mais la compagnie doit en apprécier le danger et augmenter proportionnellement la prime, ou les exclure de l'assurance. Si elle consent à les garantir, elle ne pourra plus proposer de ce chef aucune exception. En fait, les assureurs ne songent pas à argumenter du vice propre de la chose; leurs tarifs s'élèvent ou s'abaissent suivant les catégories d'objets assurés et les dangers qu'ils présentent. L'assureur peut même exclure certains objets, comme nous l'avons déjà dit, et certaines causes du risque qu'il couvre, par exemple, les incendies provenant de guerre, émeutes, révolutions, etc., etc.

90. Il reste, en matière d'incendie, à examiner quelle est l'étendue du risque locatif, et partant de l'assurance qui porte ce nom. Le locataire, avons-nous dit, peut se faire assurer contre la responsabilité que lui impose l'art. 1733, ainsi conçu : « Il répond de l'incendie, à moins qu'il ne prouve : que l'incendie est arrivé par cas fortuit, ou force majeure, ou vice de construc-

tion, ou que le feu a été communiqué par une maison voisine. »
La compagnie sera donc tenue quand le locataire sera tenu.

D'autre part, le propriétaire qui fait assurer en cette qualité
son immeuble, peut céder éventuellement à son assureur tous les
droits qui lui compéteront à l'occasion d'un sinistre. Cette cession
éventuelle peut évidemment avoir pour objet les droits que
l'art. 1733 confère au propriétaire. En effet, ce n'est pas une
action exclusivement attachée à la personne; c'est un droit purement pécunaire qui est parfaitement transmissible à tous les
ayants-cause, et dont la cession est reconnue valable et efficace
aussi bien par les auteurs que par la jurisprudence. L'assureur
pourra donc se trouver en présence des art. 1733 et 1734 Code
Nap., soit comme exerçant les droits du propriétaire, soit qu'étant
assureur du risque locatif, il repousse l'action intentée par le
propriétaire. Il faut donc, à ce double point de vue, étudier les
conséquences de l'art. 1733, combinées avec l'assurance du risque
qu'il met à la charge du locataire.

Etudier l'assurance du risque locatif, c'est donc étudier la responsabilité du locataire. Dans quels cas ce dernier est-il tenu?
Comment est-il tenu et comment peut-il s'affranchir de son obligation? En principe, le preneur est tenu de rendre les lieux
loués dans l'état où il les a trouvés lors de son entrée en jouissance. Il répond des dégradations, à moins de prouver qu'elles
se sont produites sans sa faute (1732 C. Nap.). Voilà le principe.
Si sa responsabilité n'est pas plus grande en cas d'incendie, un
texte spécial sera inutile. Or, le législateur a voulu, à cet égard,
redoubler la vigilance du locataire. Celui-ci répondra donc de
l'incendie et sera, à cet égard, présumé en faute, à moins qu'il
ne puisse se retrancher derrière l'une des quatre exceptions taxa-
tivement déterminées par l'art. 1733, ou bien un cas fortuit, ou
bien la force majeure, ou bien le vice de construction, ou bien
enfin la communication du feu par la maison voisine. Cet article
est limitatif, et, comme le disent MM. Aubry et Rau, il s'écarte
du droit commun, en ce qu'il restreint le cercle des moyens de
justification du preneur. Cette explication est la seule admissible;

en dehors d'elle, l'art. 1755 devient inutile. Car si la loi n'exigeait, au cas d'incendie, que la preuve d'absence de faute de la part du locataire, l'art. 1732 plus haut cité, suffisait bien. Telle est cependant l'opinion de MM. Troplong et Duvergier.

Mais, comme le fait remarquer avec raison M. Marcadé, si la loi s'écarte ici du droit commun quant au point à prouver, elle ne s'en écarte nullement quant à la manière d'administrer la preuve. Le locataire pourra donc indirectement établir le cas fortuit ou la force majeure par les preuves ordinaires, par les témoignages, par des présomptions graves, précises et concordantes. Ainsi l'absence prolongée du locataire avant le moment ou le jour de l'incendie, servira de fondement sérieux et de base solide à la démonstration d'un cas fortuit, quoique par elle seule, et si on n'articulait pas directement le cas fortuit ou de force majeure, elle fût impuissante à affranchir le locataire. Cette dernière restriction est assurément bien sévère, mais elle est commandée par la plus impérieuse logique. Dire, en effet, qu'on n'a pu être l'auteur de l'incendie, c'est prouver qu'on n'a pas commis de faute. Or cela ne suffit pas, si on n'établit pas une des exceptions indiquées dans l'art. 1755. Qu'une telle solution puisse être législativement critiquée, c'est notre ferme conviction ; mais dans l'état actuel nous ne pouvons que dire : *Dura sed scripta lex est.*

« Attendu que la cause de l'incendie était restée inconnue ; que le locataire répond de l'incendie, à moins qu'il ne prouve qu'il est survenu par cas fortuit ou par force majeure, ou par vice de construction, ou que le feu a été communiqué par une maison voisine ; qu'il ne suffit pas au locataire, pour détruire la responsabilité légale qui pèse sur lui, d'établir la possibilité d'un fait de la nature de ceux énumérés dans l'art. 1755 C. civ. ; mais qu'il doit prouver que l'incendie a été occasionné par une des causes énumérées dans cet article, et que, dans l'espèce, les faits n'étaient pas de nature à établir cette preuve. » (4 juillet 1855, C. de Paris. — Dalloz, v° *Louage*, n° 570).

Ce point capital établi, il suffira d'examiner quelques autres règles relatives à la responsabilité du locataire. Si l'immeuble loué est occupé par plusieurs locataires, ils sont tous solidairement tenus, à moins qu'ils ne prouvent que l'incendie a commencé dans l'appartement de l'un d'eux, auquel cas celui-là seul en est responsable : ou que quelques-uns ne prouvent que l'incendie n'a pu commencer chez eux, auquel cas ceux-là n'en sont pas tenus (1734 C. Nap.)

Que décider si le propriétaire habite une partie de la maison louée ? Il pourra invoquer en sa faveur les dispositions de l'art. 1733, pourvu qu'il soit constant que le feu a commencé en dehors de son appartement. (Lyon, 17 janv. 1854. Toulouse, 7 juill. 1843. Dalloz, v° *Louage*, n° 583).

92. La présomption de faute établie par l'art. 1733 contre le locataire au profit du propriétaire, s'applique contre le sous-locataire au profit du locataire. C'est ce qu'a fort bien décidé la Cour de Bruxelles par un arrêt du 7 août 1839.

« La Cour : Attendu que la qualité de sous-locataire n'affranchit pas l'intimé de la responsabilité, par le motif que la maxime tirée des lois romaines : *Incendia plerùmque fiunt culpâ inhabitantium*, qui sert en partie de base à la disposition de l'art. 1733, est fondée sur ce que le locataire, dans l'appartement duquel l'incendie éclate, est toujours présumé en faute ; que le locataire est considéré comme chargé par le propriétaire de conserver et de garder sa maison ; que les mêmes raisons, pour appliquer la présomption légale de faute, existent à l'égard du sous-locataire comme à l'égard du locataire principal. » (7 août 1839, C. de Bruxelles. — Dalloz, v° *Louage*, n° 566).

La jurisprudence, s'inspirant des mêmes motifs, a encore décidé que le propriétaire lui-même a, en cas d'incendie, une action directe, non-seulement contre le locataire principal, mais encore contre les sous-locataires de ce dernier.

« La Cour : Considérant..... que le propriétaire bailleur puise, dans la présomption établie par les art. 1733 et 1734 C. civ., le droit d'actionner directement en réparation du dommage causé par l'incendie tous ceux à qui l'occupation de l'immeuble a été consentie à titre de bail ; — que la loi ne distingue pas entre les locataires principaux et les sous-locataires ; qu'elle leur impose à tous les mêmes devoirs de surveillance ; que cette surveillance est la seule sauvegarde du propriétaire, et qu'il lui est d'ailleurs devenu impossible de l'exercer par lui-même puisqu'il s'est dessaisi de la possession, et qu'il ne lui est plus permis de pénétrer dans les lieux à sa volonté ; — Considérant qu'il est inexact de prétendre, dans le cas où il existe à la fois un locataire principal et des sous-locataires, que le locataire ne peut poursuivre ceux-ci que comme exerçant les droits du premier ; qu'en effet, le propriétaire trouve la source de son droit et dans son contrat primitif et dans le fait de l'occupation, qui lui donnent pour obligés directs et responsables tous les sous-locataires entre eux ; — que tout ce qui peut résulter de l'habitation commune et effective du locataire principal d'une part, et des sous-locataires de l'autre, c'est que ces derniers ont contre le locataire principal les mêmes droits qu'ils auraient contre tout autre locataire. » (C. de Paris, 18 juin 1851. — Dalloz, 52, 2, 277).

93. Quelle est la réparation due par le locataire responsable ? MM. Aubry et Rau répondent de la manière suivante : La responsabilité du locataire, en ce qui concerne le dommage causé au bâtiment, ne porte que sur la perte réellement éprouvée par le bailleur, eu égard à l'état de l'immeuble au moment de l'incendie. Le bailleur ne peut ni contraindre le locataire à reconstruire le bâtiment incendié, ni exiger de lui la somme nécessaire pour opérer cette reconstruction. L'indemnité à laquelle il a droit se détermine en défalquant de la dépense que nécessiterait la reconstruction, une somme équivalente à la différence du neuf au vieux (t. III, p. 550). Il n'y a pas de doute que cette indemnité ainsi calculée ne doive être payée par l'assureur au locataire qui a assuré ses risques locatifs.

Mais en sus de cette indemnité, ajoute M. Zachariæ, il est dû au propriétaire bonification de la perte des loyers pendant le temps nécessaire à la remise en état et à la relocation des bâtiments. Et c'est toute justice ; car l'art. 1760 porte : En cas de résiliation du bail par la faute du locataire, il est tenu de payer le prix du bail pendant le temps nécessaire à la relocation. Or, l'article 1755 soumet le locataire, au cas d'incendie, à toute la responsabilité résultant d'une faute, et, partant, aux conséquences de l'article

1760. Ces loyers seront-ils compris dans les risques locatifs couverts par l'assurance? Si la question est prévue par une clause de la police, et elle peut l'être, pas de difficulté. Mais dans le silence de la police, la responsabilité des assureurs sur ce point a été sérieusement mise en doute. Mais la Cour de Cassation a tranché la question par un arrêt rapporté dans Sirey, 41, 1, 45, duquel il résulte que : « La perte de loyers qui a été l'une des conséquences de l'incendie, se trouve comprise dans les risques locatifs, couverts par l'assurance » (Voyez dans ce sens, C. d'Orléans, 12 février 1856). Et, en effet, comme le fait remarquer M. Alauzet, cette doctrine doit être approuvée. Car, ici, l'objet de l'assurance n'est pas telle ou telle chose déterminée, ou les dommages qui peuvent l'atteindre, c'est une abstraction, un objet tout-à-fait incorporel, c'est-à-dire la responsabilité du locataire : les risques se confondent avec l'objet même de l'assurance.

94. Terminons ce qui a trait à l'assurance du risque locatif par deux observations, empruntées à M. Dalloz : 1° Par la convention d'assurance du risque locatif, l'assureur s'engage à garantir le locataire dans le cas où il encourrait effectivement la responsabilité de l'art. 1755 ; l'assureur n'est donc pas tenu par le seul fait de l'incendie : il faut, de plus, que le locataire ait payé le propriétaire ou qu'il ait été condamné comme responsable ; si le recours n'est pas exercé ou s'il est déclaré mal fondé par suite de preuves que le locataire aurait faites à sa décharge, les assureurs ne sont pas obligés. 2° Lorsque le propriétaire est assuré par la même Compagnie que le locataire, il peut renoncer à exercer son recours contre le locataire ; ordinairement les assureurs renoncent, quand le locataire et le propriétaire sont leurs assurés, à poursuivre le locataire au nom et comme subrogé aux droits du propriétaire (Dalloz, v° *Ass.*, n°s 141 et 142).

La responsabilité du preneur, dont nous venons d'étudier le sens et l'étendue, est une conséquence de l'obligation de restituer la chose. Elle a été spécialement établie en faveur du propriétaire, et ne doit pas s'étendre à d'autres hypothèses. Ainsi, le locataire d'une maison où a éclaté un incendie, ne peut réclamer de dommages et intérêts contre un autre locataire de la même maison,

qu'en prouvant non seulement que le feu a commencé chez ce
dernier, mais encore que l'incendie a eu lieu par sa faute, négligence ou imprudence (Lyon, 12 août 1829; Dalloz, v° *Louage*,
n° 412). Il ne faudra pas non plus argumenter de l'article 1733,
dans l'appréciation que nous avons à faire de l'étendue du risque
appelé *recours du voisin*, sur lequel nous devons dire quelques
mots.

95. Les Compagnies assurent les propriétaires contre les recours
que peuvent exercer contre eux les voisins, dont les immeubles
ou les biens ont été endommagés ou détruits par la communication
du feu. Mais dans quel cas et à quelle condition sera-t-on obligé à
réparer le dommage causé au voisin par l'incendie? Nous retom-
bons sous les principes de l'art. 1582. Il ne suffira pas au récla-
mant d'alléguer et de prouver que l'incendie s'est déclaré dans
l'édifice voisin, et de là s'est communiqué à son immeuble. La
demande ne sera même pas justifiée, parce qu'on invoquera la
maxime romaine : *Incendia plerùmque fiunt culpa inhabitantium*.
Mais il faudra démontrer la faute, l'imprudence, la négligence du
propriétaire chez lequel a commencé l'incendie. Le cas fortuit est
présumé en faveur de ce dernier. En d'autres termes, la preuve
sera, comme en toute matière, à la charge du demandeur. On
allègue un dommage, on en nomme l'auteur; mais cet auteur
n'est responsable qu'à la condition d'avoir commis une faute;
qu'on la lui démontre. C'est ce que la jurisprudence a souverainement établi après quelques décisions contraires (Cass., rej. 18
déc. 1827; Cass., 1er juillet 1834; Bourges, 5 fév. 1841; Dalloz,
v° *Louage*, n° 588).

Mais si la maison où se déclare l'incendie n'est habitée que par
des locataires qui seront présumés et déclarés responsables vis-à-
vis du propriétaire, la solution sera-t-elle encore la même? Il
semble que, la présomption de la loi reposant sur la faute sup-
posée du locataire, le voisin pourra en argumenter et dire : Si
vous êtes présumé avoir commis une faute vis-à-vis de l'un, les
conséquences de cette présomption ne doivent pas être limitées;
la faute existe, la loi la suppose, je suis dispensé de la prouver.
Mais on répond, avec beaucoup de raison, que l'article 1733 est

fondé sur les relations contractuelles que le bail établit entre le bailleur et le preneur, et qu'en dehors de ces rapports le droit commun reprend son empire. Le voisin qui voudrait attaquer en responsabilité le locataire de la maison où le feu s'est déclaré, devrait donc prouver, aux termes de l'art. 1388, la faute, l'imprudence ou la négligence.

96. Pour en terminer avec les conséquences de l'article 1733, notons cette observation de MM. Aubry et Rau, t. III, p. 551. Les dispositions de l'article 1733 sont même, en tant qu'elles limitent les moyens de justification du locataire, inapplicables aux hypothèses dans lesquelles une personne se trouve obligée de veiller à la conservation d'un bâtiment, en vertu de toute autre cause que d'un bail. Ainsi, elles ne peuvent, sous ce rapport, être invoquées, ni contre l'usufruitier, ni contre le créancier avec antichrèse. Mais il ne faut pas conclure de cette proposition, ajoutent les mêmes auteurs, que l'usufruitier soit dispensé de prouver que l'incendie du bâtiment soumis à son usufruit, a eu lieu sans sa faute. Tout ce qui en résulte, c'est qu'il n'est pas, en pareil cas, réduit aux seuls moyens de justification, que l'article 1733 permet au locataire d'invoquer (C. de Toulouse, 15 mai 1857; Sir., 27, 2, 557).

97. Pour en finir sur la cause et l'étendue du dommage en matière d'assurance contre l'incendie, il faut dire un mot du temps et du lieu des risques. Le temps est ordinairement déterminé par le contrat. Il commence au jour fixé par la police ou le lendemain à midi de la signature d'icelle. Il finit au jour indiqué, ou en cas de silence, à l'expiration de l'année.

Il peut arriver qu'un incendie se déclare quelques instants avant l'expiration du terme et se prolonge après. Devra-t-on, en se basant sur le laps de temps et en comptant *de momento ad momentum,* dire que la réparation due par l'assureur se calculera seulement sur les dégâts commis pendant la durée du contrat qui restait à courir? M. Boudousquié (*Tr. des ass.*, n° 272) pense que l'incendie serait censé avoir eu lieu pendant la durée des risques, par cela seul qu'il aurait éclaté avant leur expiration; et cette décision est inattaquable, dit M. Alauzet; le risque est indivisible;

ce qui suit le moment où il a commencé en est inséparable et ne forme qu'un tout que l'on ne saurait fractionner.

Enfin, le lieu des risques ne peut être changé : c'est une chose généralement contenue dans toutes les polices d'assurances. Ainsi, le mobilier garnissant telle maison échapperait aux effets de l'assurance, s'il était transporté dans un autre immeuble que celui où il a été déclaré être renfermé. Les Compagnies ont un intérêt évident à défendre, sous peine de déchéance, ces déplacements et l'assuré doit se soumettre à cette obligation. C'est comme en matière d'assurance maritime où le changement de route du navire assuré met obstacle à la réclamation de l'indemnité promise en cas de perte (Arg., art. 364 C. comm.). Mais, ainsi que le font remarquer les auteurs, il ne faut pas pousser à l'excès les déchéances résultant du changement de lieu des objets assurés. Supposez que dans l'assurance d'un mobilier on ait désigné les appartements dans lesquels se trouvaient distribués les meubles assurés, il n'y aura pas de déchéance pour l'assuré, s'il a changé les objets de place, si même il en a concentré un grand nombre dans une pièce quelconque. C'est ce qu'a décidé un arrêt de la Cour de Paris (Sir., 38, 1, 129). Il n'y a pas là aggravation de risque; ou du moins ce serait une aggravation tacite prévue et tolérée par le contrat.

98.—Dans les assurances contre la grêle, le risque est clairement désigné, et le dégât est toujours le résultat d'un cas fortuit. Cette considération éloigne toutes les questions de responsabilité examinées sur la précédente assurance. Il importe de déterminer au moment de la police les différentes récoltes qu'on entend garantir contre le fléau. La déclaration doit même se reproduire chaque année, suivant la variété des assolements. La valeur est appréciée d'une manière approximative, en prenant pour base la moyenne des années précédentes, ou les mercuriales au moment du contrat. Quand le sinistre frappe la récolte assurée, il y a lieu à une expertise. Les évaluations, dit M. Alauzet (t. 2, p. 366), sont faites par les experts en parties aliquotes des récoltes atteintes par la grêle. Les experts déclarent que la perte est d'un vingtième, de deux vingtièmes de la récolte assurée, et ces quotités sont payées à raison de l'estimation donnée à la récolte entière lors de l'assurance. Si le prix de la récolte éprouve une hausse très forte, l'assureur ne saurait puiser là une fin de non-recevoir contre l'assuré dont l'indemnité sera payée suivant l'estimation faite au jour du contrat, et sans qu'on puisse calculer si la partie non atteinte par le fléau ne couvrira pas, vu l'élévation du cours, la perte éprouvée par la partie sinistrée. En matière d'assurances maritimes, une pareille considération ne rend pas irrecevable l'action d'avarie. En l'absence de toute convention, l'assurance contre la grêle comprend seulement la première récolte ou celle pendante déjà au moment du contrat.

Les mêmes règles devront servir de base à l'étendue des risques divers que les compagnies prennent à leur charge sous les noms d'assurances contre la gelée, l'inondation, les épizooties.

§ 2.

De la valeur des objets assurés.

99. L'assureur doit à l'assuré la réparation du dommage qu'il a éprouvé par suite du sinistre. Son obligation s'arrête aux limites de la perte subie, sans que l'assuré puisse jamais trouver un bénéfice dans l'assurance. On calculera donc l'indemnité sur la valeur vénale des choses détruites au moment du sinistre et non au jour du contrat. C'est un principe généralement admis par les auteurs spéciaux qui ont traité des assurances : si la chose a diminué de valeur depuis l'existence du contrat, la réparation basée sur la valeur originaire serait un bénéfice. Si l'objet a suivi un mouvement de hausse, il y aurait perte pour l'assuré à n'en recouvrer le prix que calculé sur une moindre estimation.

Sans doute, l'art. 339 Cod. com. dit qu'à défaut d'estimation dans la police, les marchandises sont évaluées au cours du jour du chargement et non pas au cours du lieu de destination. Ce qui, par analogie, devrait s'appliquer en matière d'assurances terrestres et s'entendre du jour du contrat. M. Vincens qui approuve cette doctrine, ajoute cette réflexion : L'assuré gagnera à ce mode d'opérer. S'il est remboursé au cours du jour du sinistre, et que la marchandise ait augmenté, il réalisera un bénéfice, ce qui est contraire au principe fondamental du contrat d'assurance.

MM. Grün et Joliat répondent ainsi : La hausse survenue n'est pas, à proprement parler, un bénéfice; elle est, au moment de l'incendie, un des éléments essentiels de la valeur vénale des marchandises ; de même qu'au moment de l'assurance, la valeur réelle n'était pas le prix coûtant, mais le prix courant. Enfin, si l'on voulait suivre à la rigueur les règles particulières au droit maritime et s'en rapporter uniquement à l'évaluation des marchandises selon le prix courant du jour de l'assurance, il faudrait décider que l'assureur serait tenu de payer, d'après ce prix, même lorsque la marchandise aurait ultérieurement baissé. On reconnaît que cette décision blesserait les principes. Puisque l'on soustrait l'assureur à cette éventualité défavorable, il faut, pour conserver la balance égale, le soumettre à la chance d'augmentation de valeur.

L'importance de ces règles se manifeste surtout pour l'assurance du mobilier et pour celle des marchandises si sujettes à des variations de cours. En fait, les hésitations qui se sont produites dans la doctrine sur la base à prendre pour l'évaluation des pertes n'ont pas un grand intérêt. Car cette base est toujours déterminée par les statuts des compagnies. Ainsi nous lisons (art. 17 des statuts, *Compagnie d'assur. gén.*) : « Les immeubles, non compris
» la valeur du sol et les objets mobiliers, sont estimés d'après
» leur valeur vénale au moment de l'incendie : les matières,
» denrées et marchandises, sont évaluées au cours du jour de
» l'incendie. Les matières et denrées en cours de fabrication
» sont évaluées à l'état brut, au cours du jour, en y ajoutant les
» frais de fabrication faits jusqu'au jour de l'incendie. »

100. Puisque l'indemnité due par l'assureur est calculée sur la valeur de l'objet détruit au moment du sinistre, à quoi bon faire dans la police l'estimation des objets assurés ; que devient sa pré-

tendue utilité? D'abord elle sert de base à la fixation et à la perception de la prime, et ensuite bien que les compagnies obligent l'assuré à prouver la valeur des objets détruits par l'incendie au moment du sinistre, il est néanmoins vrai de dire que l'estimation donnée dans une police peut servir à titre de renseignement sérieux pour fixer l'étendue des pertes (Paris, 13 février 1854, Dall., v° *ass.*, n° 212).

Que si l'estimation portée dans la police était déclarée faite contradictoirement avec l'assureur, celui ci serait lié et deviendrait irrecevable à contester la valeur des objets. C'est en ce sens qu'il a été jugé que la clause manuscrite d'une police d'assurances portant que la valeur des objets détruits sera réglée d'après les prix portés à l'inventaire annexé et non autrement, contient une dérogation valable à la disposition générale de la police imprimée, d'après laquelle il n'est assuré que la valeur réelle et vénale des propriétés (Cass., 12 juin 1857, Dall., v° *ass.*, n° 214).

Cette clause est rare ; mais il est très-prudent de l'insérer dans la police quand on soumet à l'assurance des objets dont le prix consiste en une valeur d'opinion ou d'affection. Ainsi l'évaluation formelle et contradictoire paraît indispensable dans l'assurance d'objets d'art, d'une galerie de tableaux, etc., etc.

On s'est demandé si la preuve faite par l'assureur que l'assuré a sciemment exagéré l'estimation des objets assurés, peut servir de fondement à l'annulation de la police. Nous ne le pensons pas, et ce serait une théorie bien dangereuse. En présence de la certitude pour l'assuré de ne recueillir que la valeur vénale au jour de l'incendie, l'intérêt de l'assuré devient plus douteux, et son intention frauduleuse ne peut atteindre son but. Que le ministère public puisse y voir parfois un élément de crime, une sorte de préméditation de l'incendie volontaire, nous l'accordons. Mais en faire l'argument unique de l'annulation du contrat, ce ne serait ni équitable, ni juridique.

101. Enfin, quoique l'indemnité due par la Compagnie ne soit pas déterminée à l'avance par l'évaluation fournie par l'assuré et portée au contrat, il n'en est pas moins vrai que la quotité de la somme assurée doit être combinée avec la valeur des objets pour

la fixation du montant de l'indemnité. Quelques explications sont nécessaires.

Si la police ne contient pas d'estimation, et que l'assureur n'ait pas limité sa responsabilité, il est censé engagé pour toute la valeur des objets assurés. Si au contraire une estimation est faite par l'assuré, l'assureur est tenu jusqu'à concurrence du chiffre fixé, sauf réduction en cas d'excès. Si enfin, ce qui arrive le plus ordinairement, l'assurance est faite pour une somme déterminée sur tel ou tel objet, la détermination de la somme sert de limite aux droits de l'assuré qui ne pourra jamais recevoir au-delà, et qui pourra recevoir moins si la valeur des objets au moment du sinistre est inférieure, ou si la perte n'est que partielle.

Lorsque l'assurance est faite avec fixation de la somme assurée, dit M. Dalloz, n° 219, l'obligation d'indemnité en cas de sinistre varie selon que la somme est égale, inférieure ou supérieure à la valeur des objets assurés. Si la somme est égale à la valeur et que la chose ait péri en entier, l'assureur devra toute la somme : il ne devra, s'il y a sinistre partiel, qu'une partie de la somme correspondante au rapport de la perte avec la valeur totale. Il en est de même au cas où la somme assurée est supérieure à la valeur des objets, l'assurance étant réduite à la valeur réelle. Si la somme assurée est inférieure à la valeur réelle des biens, l'assuré est censé son propre assureur pour cette part. C'est ce que déclarent les Compagnies dans leurs statuts : « Si, au contraire, il est reconnu que la valeur des objets couverts par la police excédait, au moment de l'incendie, la somme assurée, l'assuré est son propre assureur pour l'excédant, et il supporte, en cette qualité, sa part de dommages au marc le franc. » (Art. 18, § 2 *ass. gén.*). Dès lors, si le sinistre détruit complètement la chose assurée, le remboursement de la somme stipulée devra être effectué. Mais si la perte n'est que partielle, l'assuré ne sera indemnisé du dommage que proportionnellement à la somme garantie par l'assureur. Ainsi, si l'objet assuré pour cinq mille francs avait en réalité une valeur double, l'assuré contribuera pour moitié aux pertes. Si donc le dégât causé par le feu atteint un chiffre de 5,000 francs, l'assuré n'en touchera dans cette hypothèse que 2,500.

On justifie cette règle proportionnelle par des considérations tirées de deux ordres d'idées. D'abord, dit-on, l'assuré a pensé que si le feu éclatait chez lui, tout ne serait pas brûlé à la fois, et qu'il aurait le temps nécessaire pour opérer un sauvetage ; il a donc cru qu'il pouvait économiser la moitié du prix de l'assurance. C'est pour déjouer ce calcul, et porter l'assuré à travailler à un sauvetage qui puisse aussi être utile aux assureurs, que ces derniers ont établi dans leurs statuts la clause de la règle proportionnelle. Ces raisons données par M. Pouget (v° *Rég. prop. Dict. des ass.*), pourraient bien avoir quelque poids en matière d'assurances d'objets mobiliers ou de marchandises ; et, en effet, M. Pouget prend pour exemple, à l'appui de son principe, l'assurance d'un mobilier garnissant un appartement. Mais je ne vois pas comment cette manière de raisonner pourrait soutenir la même règle, appliquée à l'assurance des immeubles.

Passons au second ordre d'idées « Supposons qu'un individu ait fait assurer vingt sacs de farine déposés dans un grenier, et que réellement au moment de l'incendie il y en ait quarante, comment saura-t-on si le sinistre qui est survenu a frappé les sacs assurés plutôt que ceux qui ne l'étaient pas ? C'est pour trancher toute difficulté que la perte doit être supportée proportionnellement par les objets assurés et par ceux qui ne l'étaient pas. »

C'est interpréter avec un sans-façon singulier l'intention des parties que raisonner ainsi. Quoi ! si tous les objets ne sont pas incendiés, vous voulez prévenir le doute qui naîtra sur l'individualité des objets qu'on a voulu garantir, en imposant à l'assuré une contribution proportionnelle ? Mais remarquez qu'il n'est pas entré dans la pensée de l'assuré de garantir tel ou tel objet, mais bien une valeur déterminée sur une quantité d'objets. Si leur individualité était prise en considération par l'assuré, il les indiquerait dans la police, et il n'y aurait plus de difficultés à trancher. Dès lors, si l'assuré n'a sciemment soumis à l'assurance qu'une valeur inférieure à la valeur réelle, c'est qu'il a compté, en cas de sinistre, sur une perte partielle seulement et qu'il n'a pas voulu payer une prime trop forte. Ce calcul de l'assuré est la raison la plus sérieuse qui puisse justifier la règle proportionnelle.

L'assureur, en effet, apprécie que sur tout l'ensemble du risque, il peut généralement y avoir une perte simplement partielle ; mais si l'assuré ne paie la prime que pour ce qui a le plus de chances d'être détruit, les calculs de l'assureur seront illusoires (Pouget, *loc. cit.*)

Voilà, nous le répétons, la seule raison qui puisse donner une apparence de fondement à la règle proportionnelle. Mais comme cette règle est exorbitante, qu'elle repose sur l'interprétation de volonté, il faudra, à notre avis, démontrer que l'assuré a sciemment conservé un découvert ; que c'est avec connaissance de cause qu'il est resté son assureur pour une certaine partie, et qu'il s'est volontairement soumis à l'application de la règle proportionnelle. En dehors d'une convention librement et clairement acceptée par l'assuré, en cas de perte partielle et d'assurance pour valeur inférieure à la valeur réelle, la garantie de l'assureur portera exclusivement sur la partie détruite. Bien entendu, l'obligation de l'assureur sera limitée par la déclaration de valeur assurée contenue dans la police, au-dessus de laquelle l'assuré ne pourra jamais rien réclamer.

Mais ce serait étrangement induire l'assuré en erreur, que de l'obliger à une contribution proportionnelle, en cas de perte, en démontrant que la valeur assurée était, au jour du contrat, inférieure à la valeur réelle ; si c'est sans intention de supporter une part dans le sinistre, ou si c'est par une fausse appréciation qu'il a estimé à trop bas prix l'objet assuré. Quoi donc ? J'assure un immeuble pour 40,000 fr. et une expertise postérieure vient démontrer l'insuffisance de cette estimation. Quelle est ma pensée ? De recouvrer toujours cette somme de 40,000 fr. L'assureur ne sera pas plus fondé à me dire plus tard : vous avez conservé sur votre tête la qualité d'assureur pour l'excédant de la valeur, afin d'économiser la prime que vous auriez dû payer sur la valeur totale, et non ; contribuez à la perte, que l'assuré ne serait autorisé à prétendre qu'il a droit à une restitution de prime parce qu'il a assuré pour un prix trop considérable. En résumé, la règle proportionnelle ne devra être appliquée que s'il appert clairement de la convention des parties, que l'assuré en a accepté les conséquences.

Et encore, lorsque le découvert existe sans conteste, les parties peuvent stipuler que, dans le cas d'une perte partielle, l'assuré n'y contribuera qu'autant qu'elle excédera la somme assurée. Et cette stipulation, disent les auteurs qui ne limitent pas, ainsi que nous l'avons fait, la règle proportionnelle, est présumée dans le contrat de réassurance, dans l'assurance du risque locatif et du recours du voisin. L'assuré cherchant, dans ces cas, une garantie contre l'action qui pourra être exercée contre lui, est censé avoir été garanti jusqu'à concurrence de la somme assurée (Boudousquié, 155, 509; Alauzet, 411).

Telles sont les règles qui doivent servir de base à l'appréciation de l'indemnité et à la réparation du dommage.

102. Le paiement du dommage doit s'augmenter du remboursement des frais de sauvetage. L'assureur, qui est le principal bénéficiaire de la conservation des objets assurés, doit aussi en supporter les charges. *Ubi emolumentum, ibi et onus esse debet.* Enfin, l'assureur doit partager avec l'assuré le paiement de l'expertise nécessaire après le sinistre pour l'appréciation des pertes. En cas de destruction totale et même partielle, les assurés peuvent fournir, comme justification de leurs demandes, tous renseignements, tous titres et tous moyens de preuve. Dès que la liquidation a été terminée, l'indemnité fixée doit être payée en argent ou en effets faciles à réaliser. Tout retard non justifié par des contestations sur le résultat de l'expertise ou par des oppositions faites entre les mains de l'assureur, au nom des créanciers de l'assuré, donne lieu à un paiement d'intérêts.

103. Nous avons dit que l'indemnité due en cas de sinistre s'appréciait, déduction faite de la valeur des objets sauvés. L'assureur peut stipuler qu'il pourra, à son choix, reprendre les matériaux sauvés, à la condition de désintéresser l'assuré. Mais, dans le silence de la police, cette obligation ne saurait être présumée. En effet, le délaissement, autorisé en matière d'assurances maritimes, n'est pas et ne peut pas être étendu, par analogie, aux assurances terrestres. Les auteurs sont, en général, d'accord sur ce point. M. Benecke, dans son *Traité de l'indemnité en matière d'assurance*, s'exprime ainsi : « L'action en délaissement est con-

traire aux vrais principes et à la nature du contrat d'assurance, qui n'est qu'un contrat d'indemnité. » Emerigon (t. II, p. 177), partage cet avis. Et notons bien que, dans le cas où la police en parle, la reprise des objets sauvés ne constitue pas une obligation pour l'assureur, elle est simplement une faculté pour lui.

104. Il est encore une autre faculté que les assureurs, pour déjouer toute fraude ou tout calcul intéressé, peuvent se réserver dans la police ; c'est de faire reconstruire, dans un délai déterminé, à dire d'experts ou à l'amiable, les bâtiments détruits par l'incendie, ou de remplacer en nature aux mêmes conditions, les matières, denrées, marchandises et objets mobiliers avariés ou détruits par le sinistre.

On comprend que l'assuré ne pourrait être tenu d'accepter une reconstruction partielle. Les créanciers ne seraient pas fondés à s'opposer au rétablissement en nature fait par l'assureur.

§ 3.

Effets de l'obligation de l'assureur.

105. Le paiement fait par les assureurs opère leur libération. Il faut, toutefois, remarquer la différence entre les assurances divisées en des périodes déterminées, et celles qui ne le sont pas. Dans ce dernier cas, si la perte est totale, et l'assurance à prime fixe, le contrat a reçu son exécution. Si la perte n'est que partielle, l'assureur ne sera plus tenu que jusqu'à concurrence de l'excédant de la somme assurée sur la somme payée. Pour les assurances divisées en périodes, on suit les mêmes règles pour les sinistres, qui auraient lieu pendant chaque période. Mais les Compagnies se réservent le droit de résilier la police après tout sinistre partiel.

106. Le principal effet du paiement consiste dans la possibilité de subrogation ou cession des droits de l'assuré en faveur de

l'assureur. Nous disons dans la *possibilité* de subrogation. Si, en effet, la police d'assurance d'abord, ou tout au moins la quittance était muette sur la cession ou subrogation des droits de l'assuré, le paiement ne produirait pas par sa seule force la subrogation. Nous savons qu'aux termes de l'art. 1250, la subrogation a lieu de plein droit : au profit de celui qui étant tenu avec d'autres ou pour d'autres au paiement de la dette, avait intérêt de l'acquitter. « Or, l'assureur, dit M. Pardessus, qui a payé l'assuré, ne l'a pas payé comme tenu avec ou pour l'auteur du tort, et M. Dalloz, ajoute : l'assureur, en effet, a une obligation personnelle résultant de son contrat; tandis que la personne, auteur ou responsable de l'incendie, est obligée en vertu de la loi : il n'existe entre eux aucun lien, ils ne sont tenus ni l'un pour l'autre, ni l'un avec l'autre. » La jurisprudence a accepté et sanctionné les principes exposés par la doctrine. (Cass. rej. 2 mars 1829. Dalloz. v° *Ass.*, n° 247 ; Dall. 55, 2, 165).

La subrogation légale ne résulte donc pas du paiement fait par l'assureur. Il ne restera d'autre recours à ce dernier, après avoir désintéressé l'assuré, et en l'absence de toute cession ou subrogation conventionnelle, que l'action de l'art. 1382 contre l'auteur du sinistre. « Par l'effet de l'assurance, dit encore M. Pardessus, il est devenu celui qui avait intérêt à ce que la chose assurée ne fût pas endommagée : le tort qu'elle a éprouvé est tombé sur lui ; il est la véritable partie lésée ; il a le droit d'en demander réparation. » C'est le cas de la règle que nul ne peut se dispenser de réparer le tort qu'il a fait (1382), ni s'enrichir aux dépens d'autrui, et que celui qui a géré utilement la chose d'autrui, acquiert même contre les tiers les actions de celui dont il a fait l'affaire.

Mais ce dernier moyen n'est pas le seul que puisse employer l'assureur, si dans la police ce dernier a soin de se faire céder éventuellement tous les droits de l'assuré contre tout auteur du sinistre, ou bien encore s'il veille à se faire subroger dans la quittance qui lui est délivrée lors du règlement de l'indemnité. Ce point semble hors de doute, qu'au moment de la rédaction de la police, l'assuré peut céder à l'assureur ses droits éventuels, sans qu'aucun texte ne s'y oppose. La cession d'un droit futur est aussi valable que la cession d'un droit actuel, présentement né. Elle peut être consentie avec tous les accessoires du droit (1602, C. N.). Enfin, cette cession peut avoir encore lieu au moment où l'assuré donne quittance à l'assureur du paiement de l'indemnité, pourvu qu'elle soit accompagnée des formalités requises pour la validité du transport.

Dans toutes ces questions de transmission de droit de l'assuré à l'assureur, si des controverses et des difficultés ont pu s'élever c'est qu'il s'agit presque toujours de cession, et non de subrogation, comme on a l'habitude de le dire. Sans doute, les conditions rigoureuses auxquelles l'art. 1250 subordonne la validité de la subrogation, peuvent faire défaut dans les divers points discutés ; mais comme il s'y agit d'une cession, et qu'à moins d'une prohibition expresse, on peut céder toute espèce de droit, les solutions proposées ne seront pas attaquables de ce chef.

107. On s'est demandé si le droit résultant de l'art. 1755 au profit du propriétaire peut être compris dans la cession de tous les droits et actions du propriétaire. Cette question, quelque temps controversée, est affirmativement résolue par une jurisprudence constante. En effet, la question revenait à savoir si l'action est cessible, ou si elle est exclusivement attachée à la personne. Or, dit Marcadé, il est bien évident que c'est là un droit purement pécuniaire, ne présentant rien autre chose qu'une question d'argent, et parfaitement transmissible dès lors à tous ayant-cause ; il est clair que sa cession devrait être reconnue efficace, et la clause dont il s'agit pleinement valable.

La cession des droits résultant de l'art. 1755 peut-elle être comprise dans une formule générale, comprenant la cession de tous les droits et actions de l'assuré contre les auteurs ou personnes responsables du sinistre ? Nous le croyons. Mais il est prudent pour les compagnies de préciser ce point spécial. Ainsi, la Cour de Rouen a refusé de voir cette cession particulière dans une clause de la police ainsi conçue : Tout payement est fait à la charge de subroger la société aux droits et actions qu'aurait l'assuré en cas d'incendie contre les personnes *du fait desquelles serait pro-*

venu l'incendie. C'est bien une cession contre les auteurs du sinistre, mais non une cession contre les personnes présumées responsables. Il faudra prouver contre ces dernières, sans pouvoir invoquer la présomption de l'art. 1755. N'est-ce pas aller bien loin dans la faculté d'interprétation ? Et le principal motif de cet arrêt ne se trouve-t-il pas plutôt dans ce considérant : que la compagnie s'était interdit par ses annonces et publications de poursuivre un locataire en s'appuyant de la présomption de l'art. 1755 ?

L'assureur pouvant, comme nous venons de le dire, se faire céder les droits et actions du propriétaire, ne pourrait exiger de ce dernier la discussion préalable des biens de l'incendiaire. Il est astreint personnellement, aux termes de son contrat, au paiement de l'indemnité : il doit l'acquitter, sauf à exercer lui-même les droits du propriétaire.

107. Il nous reste à examiner, à propos du paiement, quelle est la nature de l'indemnité. Est-elle représentative de l'objet détruit ? Cette question a une grande importance. En effet, si la somme payée est subrogée à l'immeuble, il s'ensuivra entre autres conséquences, qu'elle n'entrera pas dans la communauté, qu'elle restera propre à l'époux propriétaire, et de plus qu'elle sera distribuée aux créanciers hypothécaires au préjudice des créanciers chirographaires. Cette difficulté avait été déjà soulevée dans l'ancienne jurisprudence. Valin a examiné si le prix de l'assurance succède à la chose assurée, et si les fournisseurs et ouvriers qui avaient un privilége sur le vaisseau, le conservaient sur le montant de l'indemnité ; il soutenait l'affirmative et citait toutefois des arrêts contraires à sa doctrine. Emerigon combat l'opinion de Valin, et son avis l'emportait dès avant la rédaction de nos codes.

Que décider aujourd'hui dans le silence de la loi ? Des raisons d'équité porteraient à prétendre que la somme payée est la représentation de l'immeuble. Mais les principes juridiques, toutes réserves faites sur une révision législative à opérer, conduisent à une autre solution. L'indemnité n'est due qu'en vertu du contrat d'assurance ; l'immeuble n'a été que l'occasion de ce contrat ;

on invoque le principe : *subrogatum capit naturam subrogati.*
Mais la différence est grande entre le cas où le prix d'un immeuble est distribué, et celui dont il s'agit ; car, dans le premier cas, l'hypothèque subsiste toujours ; le débiteur seul a été changé ; mais la chose affectée est toujours la même, et le prix est poursuivi en vertu de l'hypothèque existante. Mais si l'immeuble a péri, le créancier hypothécaire n'a plus de préférence : il n'a droit qu'au remboursement immédiat ; il ne peut plus agir en vertu de son hypothèque qui a cessé d'exister, et c'est précisément parce qu'il a perdu son droit hypothécaire, et pour y suppléer, qu'il reçoit celui d'exiger immédiatement son paiement. En matière d'assurance maritime, tous les auteurs sont d'accord que le créancier privilégié sur le navire perd son droit de préférence sur les sommes formant le montant de l'assurance : à plus forte raison, doit-il en être ainsi en matière d'assurance terrestre ? Ne peut-on pas dire que si la somme meuble ne représente pas le navire meuble, à plus forte raison cette même somme ne peut représenter l'immeuble incendié ? L'immobilisation de l'indemnité ne pourrait résulter que d'une fiction expresse de la loi.

Dès lors il faudra dire qu'une pareille somme tombera dans la communauté ; que si elle est l'objet d'une distribution, tous créanciers de l'assuré, tant chirographaires qu'hypothécaires, viendront au marc le franc (Troplong, *hyp.*, ch. 7, n° 890).

108. Une autre question surgit à propos de la nature de l'indemnité. Au cas où un immeuble est loué, l'indemnité due au locataire par l'assureur des risques locatifs doit-elle être exclusivement affectée au propriétaire, envers lequel le locataire a été déclaré responsable de l'incendie, ou bien forme-t-elle le gage commun des créanciers du locataire et doit-elle être distribuée entre eux par contribution ?

Cette question, l'une des plus controversées de la matière, divise les auteurs et la jurisprudence. Pendant longtemps on a décidé que le propriétaire avait un droit exclusif sur la somme versée par l'assureur du risque locatif. C'est seulement depuis quelques années qu'on a jugé que le paiement de l'indemnité dû au seul locataire entre dans son actif et doit, au cas de faillite, être distribué comme toute autre somme ou valeur entre ses créanciers, sans préférence pour le propriétaire. Où est la vérité ? La situation juridique du locataire est facile à préciser. Il est tenu à rendre les lieux loués dans l'état où il les a pris ; et, dans le cas d'incendie, il est présumé, jusqu'à preuve contraire, en être l'auteur responsable. Il recherche donc dans l'assurance du risque locatif la garantie contre le recours du propriétaire, à raison de la responsabilité que l'art. 1755 met à sa charge. On comprend le motif déterminant d'une pareille obligation. C'est pour la sauvegarde de ses intérêts exclusifs, et non pour la sécurité de ceux du propriétaire, qu'il souscrit un semblable contrat. Donc l'obligation prise par l'assureur, c'est de rapporter quittance au locataire, c'est de le rendre *indemne*, c'est de le décharger de toute responsabilité.

Nous avons souvent répété dans le cours de ce travail, le grand principe qui domine le contrat d'assurance : il assure une indemnité et ne peut jamais devenir une source de bénéfice pour l'assuré. Or, qu'arrivera-t-il, si l'indemnité payée à raison du risque locatif, entre dans l'actif de la faillite du locataire ? Il se produira un enrichissement pour ce dernier ou ses ayants-cause. L'actif du débiteur renforcé de la somme payée par l'assureur pourra s'augmenter à tel point, qu'un concordat, par exemple, impossible en dehors de cette hypothèse, soit accepté et signé par les intéressés. En d'autres termes, la situation de l'assuré s'améliorera en dehors de l'assurance, ce qui ne doit jamais arriver. Ce résultat peut inspirer à l'assuré la pensée d'un crime, ou tout au moins stimuler sa mauvaise foi. Ainsi, aux termes de l'art. 1755, le locataire est exonéré de toute responsabilité, s'il prouve que l'incendie est le résultat d'un vice de construction, ou les autres exceptions édictées par la loi. Il est bien évident que les créanciers de ce locataire en déconfiture ou en état de faillite, auraient intérêt à cacher toutes ces circonstances.

L'opinion contraire saisit bien la valeur de cet argument si puissant et si sérieux, et tout en reconnaissant la règle posée, elle l'interprète : « Le principe, dit-on, dans son sens direct et » primitif, n'exprime rien de plus, si ce n'est que l'assurance

» peut s'étendre à toute la valeur de la chose assurée, mais ne
» doit jamais dépasser cette valeur. Vouloir faire de cette règle
» spéciale aux rapports de l'assureur et de l'assuré la règle des
» rapports de l'assuré avec des tiers, et, plus encore, la règle
» des rapports des créanciers de l'assuré entre eux, ce serait à
» nos yeux se méprendre. D'ailleurs, dans l'espèce, le locataire
» ne reçoit que ce qu'il doit lui-même au propriétaire, et ses
» créanciers ne reçoivent que ce que leur doit leur débiteur
» (Rapp. de M. Nachet., Dall., 60, 1, 68). »

Répondons par un calcul. Les chiffres ont leur éloquence.
Supposons qu'il n'y ait pas d'assurance du risque locatif, et que
le failli obtienne un concordat à 10 p. 100. La créance du propriétaire à raison de l'incendie est, par hypothèse, 100,000 fr.
Son dividende s'élèvera à 10,000 fr.

Dans la même hypothèse introduisons une assurance du risque
locatif. Le passif en comptant la créance du propriétaire est de
200,000, l'actif, en comptant l'indemnité, est de 120,000 fr.
Si vous procédez à la distribution de tout entre tous sans distinction, le dividende sera porté de 10 p. 100 (chiffre de l'espèce
précédente), à 60 p. 100, grâce à l'indemnité? Y a-t-il oui ou
non bénéfice pour l'assuré? Tous les arguments de la plus subtile
logique n'arriveront à nous prouver la négative. Voilà donc le
principe fondamental du contrat d'assurance, détruit, sapé,
anéanti, s'il est reconnu que l'indemnité due pour le risque locatif doit tomber dans la caisse de la faillite. Ce serait assez, à nos
yeux, pour établir l'erreur de la jurisprudence la plus récente de
la Cour de cassation qui se prononce en faveur des créanciers.
Mais il faut aller plus loin, et sans s'arrêter à la démonstration
précédente, il y a lieu de justifier le droit exclusif du propriétaire.

Nous n'essaierons pas de dire que le bailleur est propriétaire de
l'indemnité du risque locatif, ou même sans employer cette formule trop choquante, de soutenir que le propriétaire a le droit
de reprendre *son immeuble transformé*, c'est-à-dire représenté
par l'indemnité. Nous avons rejeté cette prétention défendue dans
les mêmes termes par les créanciers hypothécaires, malgré toute
l'équité qui environne ce système. Il ne faut pas songer non plus

à dire que le propriétaire a un privilége. Le privilége du bailleur ne peut s'étendre que sur le mobilier du locataire, et l'indemnité due à raison du risque locatif est en dehors de cette hypothèse. Mais le propriétaire n'a-t-il pas une action directe contre l'assureur du risque locatif, indépendante de l'action qu'il pourrait puiser dans l'art. 1166 Code Nap. ?

Il faut remarquer qu'en général la loi, dans l'intérêt même du locataire, et pour favoriser les locatioas, donne au propriétaire les garanties les plus étendues. C'est sur ce principe que reposent le privilége du bailleur, et aussi le droit d'agir directement contre les sous-locataires. Et si nous invoquons ces considérations, c'est qu'elles fournissent un argument d'analogie péremptoire. En effet, le propriétaire peut, aux termes de l'art. 1753, agir directement contre les sous-locataires sans avoir besoin de l'art. 1166. La jurisprudence est formelle à cet égard. « Attendu que le proprié-
» taire, créancier de tout ou partie du prix du bail, n'a pas seu-
» lement, en vertu du principe général de l'art. 1166, le droit
» d'agir contre les sous-locataires, du chef du locataire son
» débiteur principal ; que l'art. 1753 lui attribue une action
» personnelle et directe contre les sous-locataires ; qu'en effet cet
» article ne restreint pas à une simple affectation réelle l'obliga-
» tion dont il détermine l'étendue ; que si le sous-locataire n'est
« tenu envers le propriétaire que jusqu'à concurrence du prix
» dont il peut être débiteur à raison de la sous location, il est
» tenu dans cette mesure non-seulement sur ses meubles, mais
» d'une manière générale ; que les termes de cette disposition
» impliquent nécessairement l'idée d'une obligation personnelle,
» laquelle rend le sous-locataire directement passible de la part
» du propriétaire des mêmes voies d'exécution que le locataire
» lui-même. »

Cette décision est irréfutable. L'art. 1753 l'autorise. L'espèce n'est-elle pas identique à celle qui nous occupe : Le locataire ne sous-loue point dans l'intérêt du propriétaire ; le contrat qu'il passe avec le sous-locataire lui est étranger ; le propriétaire peut même l'ignorer. La créance des baux est bien dans le patrimoine du locataire principal, et cependant le bailleur aura le droit d'agir (suivant la mesure établie par l'art. 1753), sans que les créanciers du locataire principal puissent se plaindre et exiger l'addition de ces sommes à la masse active de leur débiteur. En d'autres termes, c'est décider que le propriétaire peut devenir créancier à son insu, à raison d'un contrat fait par son locataire qui lui est étranger et qui ne contient aucune stipulation en sa faveur. Les mêmes raisons de décider se rencontrent en matière d'assurance du risque locatif, à moins qu'on ne veuille écarter l'analogie, sous prétexte que l'action directe créée par l'art. 1753 n'existe qu'à raison de la faveur que mérite la créance des loyers. Mais cette action directe, personnelle du propriétaire, existe pour d'autres causes que le paiement de ses loyers. En effet, il peut directement en son nom et sans exercer l'action du locataire principal, recourir contre les sous-locataires pour la réparation à laquelle l'incendie donne naissance. Et cependant le contrat du locataire et du sous-locataire est pour lui : *res inter alios acta* ; il y est étranger, il n'a pas été fait dans son intérêt. En cas d'incendie, le sous-locataire est tenu envers le locataire, si ce dernier est actionné par le propriétaire. Il est son garant en quelque sorte. Mais le garant, jusque-là inconnu au propriétaire, pourra être assigné directement. N'est-il pas, au regard du locataire principal, comme un assureur du risque locatif ? La créance du locataire principal existe contre le sous-locataire, comme elle existe contre l'assureur ; et cependant on donne sans conteste une action directe au propriétaire contre le sous-locataire, et on veut la lui refuser contre l'assureur ! Si les créanciers du locataire ont un droit dans un cas, ils ont le même droit dans l'autre ; or, ils ne pourraient pas soutenir que le sous-locataire, obligé à raison de l'incendie, fût tenu de verser entre leurs mains la somme représentative du préjudice. Pourquoi auraient-ils cet avantage, si, au lieu d'un sous-locataire, il s'agit d'un assureur. L'analogie est parfaite. Les raisons de douter étaient identiques, les raisons de décider ne le sont pas moins.

Cette action directe, résultant au profit du propriétaire des principes généraux reçus en matière de louage, et de l'esprit qui a dicté les priviléges des art. 1753 et 1755, peut encore, d'après certains, trouver sa base dans une autre considération. Cette action que peut, d'après nous, exercer le propriétaire, est un droit que les stipulations faites par son débiteur lui ont rendu propre ; il résulte directement à son profit, du contrat même, de l'assurance des risques locatifs, tel que les parties l'ont convenu. Certains partisans de la même opinion défendent notre interprétation par d'autres moyens et raisons. Ils disent : Cette assurance n'est pas autre chose qu'une stipulation faite par l'assuré, dans son propre intérêt sans doute, et pour s'exonérer de toute responsabilité, mais faite en même temps par lui dans l'intérêt d'un tiers, c'est-à-dire du propriétaire que l'assureur s'engage à désintéresser. Cette stipulation est parfaitement valable aux termes de l'art. 1121 C. Nap. Le sens que nous lui donnons et l'esprit qui l'inspire résulte des expressions mêmes dans lesquelles elle est conçue. La police ne porte pas que, dans le cas d'un incendie dont l'assuré serait responsable, il lui sera payé une somme égale à l'indemnité qu'il aurait lui-même à payer à son propriétaire, elle stipule que l'assureur sera obligé de garantir l'assuré contre la responsabilité dont il pourrait être tenu. Mais tel étant le contrat, et l'assureur devant garantir l'assuré, le paiement de l'obligation ne peut avoir lieu sans l'intervention du propriétaire. Pour que l'acquittement de la dette soit complet, pour que l'engagement soit exécuté et éteint, il faut que la cause de l'obligation soit payée ; et comme cette cause est la libération de l'assuré à l'égard du propriétaire, l'assureur ne sera libéré qu'à la condition d'affranchir l'assuré de son obligation envers son propriétaire ; il faut donc que le paiement se fasse au profit de celui-ci ; autrement, la responsabilité de l'assureur subsiste, et le contrat n'est pas exécuté.

Quelles conséquences produirait l'opinion contraire? Les créanciers n'auraient rien à y gagner. Puisque le locataire ne peut agir qu'après avoir été actionné par le propriétaire, si ce dernier craint de se voir réduit à un dividende dans la faillite du locataire, il ira trouver l'assureur et lui proposera une transaction qui sera acceptée. Moyennant une indemnité supérieure au dividende probable, inférieure au total de la somme due pour réparation du sinistre, il gardera le silence à l'égard du locataire. L'assureur y aura intérêt, puisqu'il achètera ce silence avantageux pour une somme moindre que celle qu'il aurait à verser entre les mains du locataire ou de ses créanciers. Voilà une collusion frauduleuse fort à craindre. De telle sorte, qu'on arrive à ce résultat étrange, de voir le débiteur et ses créanciers intéressés à ce qu'un nouveau créancier (le propriétaire) se présente à la faillite.

Et il n'est contesté par personne que la créance du locataire contre l'assureur du risque locatif ne fait point partie de ses biens. Or, si l'indemnité due, en cas d'incendie, était la propriété du locataire et partant de ses créanciers, lui ou eux auraient le droit d'exercer directement l'action pour en faire déterminer le montant, alors même que le propriétaire jugerait à propos de ne rien réclamer. C'est une opinion que nul n'oserait soutenir.

C'est donc en vertu d'un droit propre que le propriétaire perçoit le montant de cette assurance. Et en recevant cette somme, il ne reçoit aucune portion de l'actif de son locataire, puisque le montant du risque locatif n'a jamais fait partie des biens de celui-ci (C. de Paris, 15 mars 1857).

Ce qui confirme ce résultat, dit M. Rendu, avocat à la Cour de Cassation, et concourt à établir l'existence d'une stipulation faite par le locataire dans l'intérêt du propriétaire, c'est la clause qui autorise l'assureur à rétablir l'immeuble incendié dans son état primitif. Cette clause qui se trouve actuellement dans la plupart, on peut même dire dans la totalité des polices d'assurance du risque locatif, est bien propre à établir que, dans l'esprit du contrat d'assurance de ce risque, le locataire n'a jamais rien à recevoir. Elle montre bien que l'exécution de ce contrat ne peut bénéficier directement qu'au propriétaire, et que c'est seulement d'une manière indirecte qu'elle profite au locataire par la libération qu'elle lui procure.

Cette clause est encore de nature à éclairer la question sous un autre jour. L'obligation de l'assureur est alternative : payer la somme représentative de l'objet détruit ou rétablir l'immeuble dans son état primitif. Or, si l'assureur choisit ce dernier parti, pourrait-on sérieusement soutenir que les créanciers du locataire auraient le droit de demander au propriétaire le versement dans la caisse syndicale du prix de ces mêmes réparations, sauf à reprendre plus tard son dividende dans une répartition au marc le franc? La jurisprudence la plus contraire ne va pas jusques-là, et déclare, dans ce cas, le locataire ou ses représentants sans droit et sans qualité. Et le droit et la qualité de créancier pourrait dépendre de l'exécution de l'obligation? Et il serait loisible au débiteur d'attribuer un avantage à tel ou tel, suivant ses fantaisies? Signaler les conséquences, c'est juger le système qui les produit. Si la question est résolue dans l'hypothèse précédente en faveur du propriétaire, c'est que son droit est antérieur à l'exécution de l'obligation, et si ce droit est préexistant, s'il lui appartient, il ne peut être revendiqué par les créanciers du locataire.

En résumé, l'obligation de l'assureur est une obligation de faire. L'exécution de cette obligation ne peut profiter qu'au propriétaire. Or, les obligations de faire dont l'exécution ne peut profiter qu'à l'un des créanciers du stipulant, ne peuvent être invoquées que par ce créancier. Enfin, l'incendie n'a causé aucun préjudice à la faillite. Le propriétaire seul a souffert. Ce qui a été détruit, c'était sa chose; jamais elle n'a fait partie de l'actif du locataire; jamais les créanciers de celui-ci n'ont donc pu avoir de droit sur elle. Il y a présomption légale qu'elle a été détruite par la faute du locataire; comment pourrait-il se faire que ce dernier s'enrichît de l'appauvrissement d'autrui causé par sa faute même?

Donc, au nom du principe fondamental des assurances, à raison des faveurs accordées par la loi au bailleur, à raison de la nature spéciale de l'assurance du risque locatif, au nom de l'équité, la question nous semble devoir être tranchée en faveur du propriétaire. Il doit être considéré comme ayant une action directe contre l'assureur, et, à ce titre, un droit privatif sur l'indemnité (Dall., v° *Ass.*, 445; P. 55, 2, 255; *Dict. des ass.*, Pouget, t. II, p. 707; Lehir, t. IV, p. 278; *Journ. des ass*, 11e année, p. 90).

Le système opposé se heurte aux bases mêmes du contrat, aux conséquences invraisemblables qu'il engendre; il blesse l'équité et le sens commun. Toutefois, à cause d'une apparence peut-être plus juridique, il a été accepté par la jurisprudence la plus récente (Dall., 60, 1, 08; 62, 2, 114; 63, 1, 425; Alauzet, 432).

SECTION II.

DES OBLIGATIONS DE L'ASSURÉ.

109. Les obligations de l'assuré servent de cause aux obligations de l'assureur. Elles se révèlent à trois moments distincts : 1° avant ou pendant la formation du contrat ; 2° pendant sa durée ; 3°. en cas de sinistre.

1° Quelles sont les obligations de l'assuré au moment de la formation du contrat? L'assuré doit fournir à l'assureur les déclarations exactes et complètes sur la nature et le risque de l'objet qu'il veut faire couvrir par l'assurance. L'article 548 Cod. comm., frappe de nullité toutes les réticences de l'assuré faites de mauvaise foi ou de nature à influer sur l'opinion du risque. Cette disposition écrite pour les assurances maritimes, peut s'appliquer par identité de raison aux assurances terrestres. C'est ainsi que l'omission ou la fausse déclaration, portant sur la destination de la chose assurée, peut être invoquée par l'assureur, comm e une cause de rescision. Toutefois, dans une matière où l'appréciation des tribunaux est souveraine, la circonstance que l'agent de la Compagnie aura visité les lieux et connu *de visu* des risques non spécifiés, exercera une influence décisive sur une demande en nullité du contrat pour cause de fausses déclarations (Paris, 1er août 1844 ; Dall., v° *Ass.*, n° 271).

On sait, enfin, à raison des explications données dans le cours de ce travail, que l'assuré doit dénoncer à son assureur l'existence d'assurances antérieures, s'il en a été contracté. Il est encore nécessaire pour lui de déclarer en quelle qualité il agit au contrat.

110. 2° Quelles sont les obligations de l'assuré pendant la durée du contrat? On en peut énumérer deux : d'abord, et c'est la plus importante : le paiement de la prime ; en second lieu, la

conservation de la chose et la déclaration des changements qui peuvent modifier ou augmenter les risques.

La prime est le prix des risques. Elle est due par l'assuré, dès que le risque a commencé à courir pour l'assureur, et quel que soit le temps de sa durée, ne serait-il que d'un instant de raison. Si la prime a été fixée à tant par année, la prime annuelle serait seule acquise à l'assureur. Dans les assurances ordinaires, le mode de paiement périodique est le plus usité. Il se divise en autant de termes que la police doit durer d'années. La prime de chaque année est le prix de la responsabilité de l'assureur pendant le même temps, comme les loyers de chaque terme sont le prix de la jouissance du terme (Dall. v° *Ass.*, n° 175). Bien entendu, l'assuré peut payer par anticipation, et d'habitude les Compagnies accordent des escomptes pour ces paiements ; seulement, il est stipulé dans la police que : en cas de résiliement pour quelque cause que ce soit, les primes payées par anticipation, même sans escompte, demeurent acquises à la Compagnie.

Nous ne croyons pouvoir mieux faire pour indiquer les obligations de l'assuré quant au mode, lieu, époque de paiement, et les déchéances qui en sont la sanction, que de reproduire les clauses usitées dans toutes les polices d'assurance. Il n'y aura qu'à ajouter ensuite les explications qu'elles nécessiteront.

Art. 4. (*Ass. gén.*) § 1. Les primes d'assurances sont payables comptant et d'avance chaque année, au domicile de la Compagnie, et dans les départements, au siége de l'agence où la police a été souscrite. Celle de la première année se paie au moment de la signature de la police.

§ 4. Les primes des années suivantes sont aussi payées contre quittance de la Compagnie. Il est accordé à l'assuré un délai de grâce de quinze jours pour les acquitter. La seule échéance du terme constitue l'assuré en demeure.

§ 5. A défaut de paiement dans le délai de quinzaine ci-dessus fixé de l'une des primes qui suivent celles de la première année, sans qu'il soit besoin d'aucun acte ou demande, l'effet de l'assurance est suspendu, et l'assuré en cas de sinistre n'a droit à aucune indemnité.

§ 6. Il est bien entendu que la suspension de l'assurance, et la déchéance du droit à l'indemnité stipulée contre l'assuré ne portent point préjudice au droit de la Compagnie, et qu'elles doivent être appliquées, même pendant les poursuites que celle-ci peut exercer pour le recouvrement de la prime échue. Mais la police reprend son effet, dans tous les cas, le lendemain à midi, du jour où le paiement de la prime arriérée et des frais, s'il y a lieu, a été fait à la Compagnie...,

§ 7. Il est bien entendu que le paiement de la prime effectué pendant ou après l'incendie, ne donne à l'assuré aucun droit à l'indemnité du dommage,

Telles sont les conditions rigoureuses imposées par l'assureur à l'assuré. Elles se résument ainsi : 1° En cas de non-paiement de la prime dans le délai fixé, l'assuré est constitué de plein droit en demeure sans sommation ; 2° que pendant cette demeure, l'effet de la police sera suspendu au profit de l'assureur ; 5° il sera loisible à l'assureur de maintenir la police, et en conséquence de poursuivre le paiement de la prime sans relever pour cela l'assuré déchu jusqu'au jour de sa libération, ou bien de résilier la police par une simple notification.

111. On a contesté la validité de ces clauses et les déchéances encourues par suite de leur inexécution. Divers moyens ont été essayés. D'abord, disait-on, la suspension du contrat d'assurance au préjudice de l'assuré ne peut se comprendre en dehors de la résiliation. Si dans le choix qu'il s'est réservé, l'assureur a opté pour le maintien de la police, il doit en retour indemniser l'assuré du sinistre arrivé même pendant le temps où la prime était impayée. C'est ce qui était jugé ainsi par la cour de Paris : « On » ne saurait admettre que la convention maintenue, la Compa- » gnie puisse se prévaloir des clauses favorables, sans être en » même temps chargée des clauses onéreuses ; considérant » qu'interpréter ainsi la convention serait admettre à la fois » l'existence du contrat et sa non-existence, puisqu'en même » temps qu'il existerait au profit de l'assureur, il serait résolu au » profit de l'assuré, ce qui répugne autant au droit qu'à l'équité. » (Sir. 44, 2, 452).

Mais cette jurisprudence qui prévalut pendant quelque temps fut modifiée par un arrêt de la Cour de Cassation. Après avoir déclaré parfaitement légales les clauses sus-mentionnées, la Cour ajoute : « Que l'assuré qui a accepté une telle condition ne peut
» invoquer aucun motif légal pour se soustraire à son application ;
» que l'impossibilité où il se trouve par suite de réclamer le
» paiement de l'indemnité pour un sinistre n'est que la consé-
» quence prévue et par lui consentie du défaut de paiement de la
» prime, et la *clause pénale encourue pour inexécution de l'obli-*
» *gation ;* que la faculté accordée à la Compagnie d'assurance
» dans le cas de non-paiement de la prime, de résilier la police
» ou d'en exiger l'exécution de la part de l'assuré n'enlève pas
» au contrat son caratère synallagmatique. » (Sir. 52, 1, 757).

La chambre civile déclare par cet arrêt que la suspension est indépendante de toute option ; qu'elle résulte du fait que la prime est impayée, et qu'elle doit être considérée comme une clause pénale. Mais au lieu de dire que cette clause pénale est encourue pour inexécution de l'obligation, il fallait dire, ainsi que le cons-tate M. Emile Ollivier (*Revue prat.*, t. 1, p. 555), qu'elle est stipulée pour le cas de simple retard. En effet, la sanction de l'inexécution est ailleurs, dans le droit de la Compagnie de pour-suivre aux fins de paiement ou bien de résilier. La suspension sanctionne donc autre chose, c'est le retard dans l'exécution de l'engagement. Or, comme on peut réclamer à la fois l'exécution de l'obligation et la clause pénale, il faut décider que l'option de la Compagnie pour le maintien de la police ne l'empêche pas de se prévaloir de la déchéance encourue par l'assuré, si un sinistre vient à le frapper avant sa libération, et même pendant le cours des poursuites dirigées contre lui.

Mais c'est là une solution devant laquelle reculait la jurispru-dence de la Cour de Cassation. Elle admettait bien, comme dans le précédent arrêt, qu'en cas de silence et sans avoir opté pour la résiliation, on pouvait invoquer la suspension ; mais elle décidait (ch. des req. Sir., 56, 1, 45), que l'option de la compagnie pour le maintien de l'assurance (manifestée par des poursuites), l'empê-chait d'exciper de la suspension. L'erreur de la Cour venait du caractère donné à la clause pénale, qui, si elle est stipulée pour inexécution de l'obligation, ne peut être réclamée en même temps que l'acquittement même de cette obligation, tandis que cette demande cumulative peut très bien se former, si la clause pénale peut et doit être considérée comme la sanction d'un simple retard. Or, c'est précisément ce que nous avons prouvé plus haut. Du reste, les compagnies ont enlevé tout prétexte à cette difficulté spéciale par la rédaction des polices (§ 6 de l'art. 4, *Des ass. gén.*, *suprà*).

Ainsi précisées, les clauses de la police d'assurance ne soulèvent plus de difficultés sur leur validité. La mise en demeure résultant du défaut de paiement aux époques déterminées et au domicile des agents de la compagnie, la suspension du contrat au profit de l'assureur, sont des points reconnus valables par la jurisprudence. Mais il peut survenir des faits qui modifient la rigueur de ces prescriptions et apportent une dérogation aux mode d'exécution de la convention. Ainsi, aux termes de la police, l'assuré doit porter, lui-même, le montant de la prime au domicile de l'agent. Mais il est entré dans l'usage à peu près constant des compagnies, de faire présenter au domicile des assurés, des quittances ou billets de prime, de telle sorte que la prime, de portable qu'elle était, devient quérable. L'assuré ne sera donc plus en demeure par la seule échéance du terme, puisqu'il attend patiemment le recouvrement de la prime. Son obligation retombe s s l'empire du droit commun, qui veut que le paiement soit fait au domicile du débiteur (1247, C. N.), et qui subordonne l'effet de la clause pénale insérée dans un acte à une mise en demeure préalable (1250).

Voilà la transformation qui peut s'opérer. Quand, comment, par quels moyens s'opérera-t-elle? C'est une question de fait abandonnée à la sagesse du juge; il sera à la charge de l'assuré d'établir cette transformation, puisqu'il en excipe. Et, si les caractères en sont tels que l'usage, les règlements de la compagnie démontrent, aux yeux du magistrat, un abandon des règles de la police suffisant pour couvrir la bonne foi de l'assuré, le droit commun reprendra son empire. Ainsi, la prime sera devenue quérable, quand l'assuré pourra prouver que l'agent de la compagnie passe habituellement chez les assurés pour faire les recouvrements.

Pour éviter ces conséquences, les assureurs se sont avisés et ils déclarent, dans la police, que les recouvrements faits officieusement, au domicile des assurés, ne pourront pas être opposés à la compagnie comme une renonciation à son droit d'exiger le paiement des primes à son propre domicile. Toutefois, il a été jugé que les tribunaux n'en conservent pas moins le pouvoir de déclarer que les recouvrements opérés chez les assurés avaient eu pour effet de créer, par leur fréquence et leur continuité, à l'égard de la compagnie, un usage obligatoire, enlevant au genre d'exécution donné à la police tout caractère officieux, et sortant, par suite, des prévisions des contractants.

« Attendu que si, par les articles 5 et 6 de la police d'assurance,
» il a été stipulé que la prime serait payée d'avance, au domicile
» de la compagnie, à l'échéance, ou au plus tard, dans les 15 jours
» suivants ; qu'à défaut de paiement, l'effet de l'assurance serait
» suspendu, sans qu'il fût besoin de mise en demeure ; que
» l'assuré, en cas de sinistre pendant la suspension, n'aurait droit
» à aucune indemnité, et, enfin, que le recouvrement des primes
» antérieures, que la compagnie aurait fait opérer officieusement,
» au domicile des assurés, ne pourrait lui être opposé comme une
» renonciation aux dispositions précédentes, l'arrêt attaqué
» constate qu'il résulte des documents de la cause que, nonob-
» stant les clauses, la compagnie a adopté l'usage de réclamer le
» paiement des primes au domicile des assurés, sans se préoccu-
» per des échéances fixées par la police, ni du délai de grâce, et
» qu'il est constant que, entre la compagnie et Jolay de Brésillon,
» tout s'est passé conformément à cet usage. Attendu que cette
» déclaration, fondée sur les documents de la cause, dont l'appré-
» ciation appartenait souverainement aux juges d'appel, ne peut
» être utilement critiquée devant la Cour de Cassation, et que,
» tirant des faits ainsi constatés la conséquence que les parties
» avaient, par une dérogation virtuelle au contrat primitif, substi-
« tué à l'ancienne convocation une convocation nouvelle, par

» l'effet de laquelle la prime était devenue quérable, de portable
» qu'elle était, la Cour impériale n'a violé aucune disposition
» légale. — Rejette. »

(Cass., req., Dall., 1865, 1, 407).

Tel est l'état de la dernière jurisprudence, qui nous paraît
devoir être consacré. Mais si, dans leurs appréciations, les tribunaux doivent maintenir d'une main ferme les droits de l'assuré,
contre la compagnie, leur sévérité doit avoir des limites. D'abord,
les compagnies rencontrent souvent la mauvaise foi chez l'assuré,
qui trouverait fort aisé de ne payer qu'au cas de sinistre. Ensuite,
il faut se préoccuper de l'intérêt immense des assureurs à l'exécution régulière des polices. « Dans ces sociétés, c'est le produit
» des primes et non pas le fonds social qui est destiné au paiement
» des sinistres, des frais généraux, des frais d'agence et de com-
» mission, qui sont considérables. Chaque exercice devant se
» suffire à lui-même et payer ses charges avec ses recouvrements,
» il suit que les compagnies ont le plus grand intérêt à assurer
» la perception régulière de leurs primes » (Emile Ollivier, *Rev.
prat.*, t. I, p. 559).

112. L'obligation de payer la prime est une obligation personnelle de l'assuré. Mais constitue-t-elle un privilége en faveur de
l'assureur? L'article 191 du Code de commerce donne un privilége aux assureurs maritimes pour le paiement de la prime due.
Mais il ne paraît pas possible d'étendre un privilége par voie
d'analogie. Si une disposition législative était prise sur la matière,
tous les auteurs sont d'accord qu'il serait juste d'y introduire la
création d'un privilége au profit de l'assureur. On ne peut nier,
en effet, que l'assurance donne, en tous cas, plus de valeur à la
propriété, et, s'il y a un sinistre, la conserve pour les créanciers,
en la remplaçant par une somme d'argent. Ce sont les motifs qui
ont inspiré l'article 191 du Code de commerce.

115. De même que l'assuré est tenu de faire, au moment du
contrat, toutes les déclarations relatives à la situation des lieux et
aux circonstances propres à augmenter ou à diminuer l'opinion
du risque, de même, il doit renouveler ces déclarations pendant
le cours de l'assurance. Son obligation se perpétue, mais c'est là

une question qui est abandonnée à l'appréciation des tribunaux et dans laquelle l'assuré mérite toute faveur. Il peut, sans aucune faute, ignorer les réglements particuliers de la compagnie et douter, de bonne foi, des changements qui sont de nature à aggraver le risque. Il est bon, pour éviter toutes difficultés, de déclarer les modifications apportées à une industrie, à l'outillage d'une manufacture, à la construction d'un immeuble, à la nature des marchandises introduites dans un magasin.

114. 3° Quelles sont les obligations de l'assuré en cas de sinistre? C'est un devoir pour l'assuré de travailler au sauvetage; mais il n'a d'autre sanction que celle contenue dans l'art. 1382. S'il y a de sa part faute ou imprudence, ou empêchement à ce sauvetage, il pourra être condamné à des dommages envers la Compagnie.

Dès que le sinistre est consommé, l'assuré est obligé, aux termes de la police, de le faire constater par le maire ou le juge de paix. L'officier public dresse un procès-verbal contenant l'état de l'objet incendié, la cause possible ou probable du sinistre, le moment précis où il a éclaté, sa durée, les moyens pris pour en arrêter le cours, et enfin la valeur approximative du dommage ; le tout est transmis à la Compagnie dans un délai déterminé par la police, sous peine de déchéance pour l'assuré. Mais s'il y avait impossibilité constatée de faire cette déclaration dans le délai prescrit, la déchéance ne serait plus encourue.

Enfin, après le sinistre, la Compagnie vient faire contradictoirement l'expertise de la perte occasionnée. Au cas de difficulté, l'assuré pourra faire toutes preuves, et les administrer par tous moyens, même par serment (Alauzet, 502. Boudousquié, 250. Quesnault, 240 et suiv. Persil, 105 et 106). Moyennant l'accomplissement de toutes ces obligations, l'assuré a droit à l'indemnité.

CHAPITRE IV.

FORMES ET PREUVE DU CONTRAT D'ASSURANCE.

115. Le contrat d'assurance est toujours sousmis, dans la pratique, à une rédaction écrite. On comprend très bien cet usage dans une convention où toutes les clauses ne peuvent se présumer ou reposer sur l'usage, et où les polices doivent spécifier tous les points. « Verba assecurationis *(rote de Gênes,* déc. 102, § 5) ponderanda sunt, quod ii contractus recipiunt legem a pactis et conventionibus. »

L'acte diffère dans sa forme suivant que l'assuré entre dans une Société mutuelle ou contracte avec une Compagnie d'assurance à prime fixe. Dans le premier cas, c'est un acte d'adhésion aux statuts de la Société transcrit sur ces registres, contenant l'évaluation de la chose assurée. Le directeur délivre ensuite un certificat constatant que tel propriétaire est maintenant sociétaire. Dans le second cas, l'acte s'appelle une police et se rédige suivant un mode généralement adopté, dont nous dirons un mot plus loin. Mais il n'est pas de l'essence du contrat d'assurance d'être constaté par écrit : il est valable en dehors de la rédaction de toutes polices. Si donc les parties conviennent de leurs obligations respectives, elles ne peuvent exciper de l'absence de toute écriture. Mais s'il y a contestation sur l'étendue des engagements, sur leur nature ou leur existence, comment fera-t-on la preuve ? On est d'accord aujourd'hui pour dire que l'assurance pourra être prouvée par témoins, si elle est inférieure à 150 francs, et qu'au-dessus de cette somme, ce moyen de preuve ne serait admissible que s'il existait un commencement de preuve par écrit.

En raison de l'usage général de la rédaction écrite, la présomption est, jusqu'à preuve contraire, qu'il n'a pas été dérogé à cette règle (D. 55, 2, 180), surtout si une clause connue de l'assuré portait que l'assureur et l'assuré ne sont engagés qu'après que la police a été signée de part et d'autre. Cette règle n'est pas absolue. Il a été en effet décidé, nonobstant son applicabilité, que la disposition des statuts d'une Compagnie d'assurance portant, que les polices n'engagent la Compagnie qu'après la signature des parties et le paiement de la prime de la première année ne met pas obstacle à ce qu'une police d'assurance soit, à raison des circonstances particulières de la cause, déclarée obligatoire même avant cette signature et ce paiement. Et spécialement le contrat d'assurance est réputé formé par le seul effet de l'inscription de l'assurance sur le Livre-Journal de l'agent qui l'a faite et de la préparation de quittances à souches, sans qu'il soit besoin d'attendre la signature de la police et le paiement de la prime, si cette signature et ce paiement n'ont été différés (de quelques heures) que pour la régularisation de la police. En conséquence, le sinistre survenu après que l'accord des parties sur les conditions de l'assurance a été ainsi constaté, est à la charge de la Compagnie, quoiqu'il ait eu lieu avant que la police ait été signée et la prime payée. (Dall., 57, 1, 55).

La police se rédige par un acte sous seing privé, et il est dans l'usage unanime des Compagnies de la rédiger en autant d'originaux qu'il y a de parties ayant un intérêt distinct. L'acte non fait double peut au moins servir de commencement de preuve par écrit. (*Journal du Palais*, 5e édit., t. III, p. 742).

116. Le défaut d'une législation spéciale en matière d'assurances a fait admettre, pour régler les différentes combinaisons qui s'y rattachent, l'usage général des clauses imprimées. A la suite de ces clauses imprimées sont les clauses écrites auxquelles seraient dues toutes préférences, s'il y avait lieu à quelque doute ou contradiction. On a contesté la validité de ces clauses générales dont l'assuré, la plupart du temps, néglige même de prendre connaissance. Toutes les déchéances y sont contenues, et on a craint que l'attention de l'assuré n'étant pas mise en éveil, elles ne donnassent lieu à des surprises.

Déjà, sous l'ancienne législation, elles étaient en usage ; elles consistaient en clauses dérogatoires à l'ord. de 1681, ce qui fit penser à l'autorité qu'elles faciliteraient peut-être le dol. Un règlement de l'amirauté de Paris, en 1757, ordonna que tout pacte exceptionnel ou dérogatoire aux dispositions de l'ordonnance fût écrit à la main. Valin attaqua ce règlement avec énergie. On craint les surprises, dit-il, dans les clauses, si elles ne sont pas écrites à la main. Mais quoi ! c'est précisément dans les clauses à la main qu'il y aura lieu d'appréhender les surprises plutôt que dans les modèles imprimés, dont la notoriété met quiconque en état de juger par lui-même ou par le secours d'autrui, de la valeur et de la force des clauses qui y sont insérées ; le fréquent usage qu'on en fait en rend l'idée familière. Il en sera différemment d'une clause à la main, parce qu'elle sera nouvelle ou extraordinaire.

Nous ne croyons pas qu'il y ait lieu de distinguer aujourd'hui entre les clauses imprimées et manuscrites. Toutes sont également obligatoires. C'est ce qu'a décidé la jurisprudence (Dall., 45, 4, 59 ; 53, 1, 77). A cette règle comme à tant d'autres dans cette matière, elle apporte quelquefois des tempéraments. Mais ce sont là des décisions d'espèce qui ne peuvent s'élever à la hauteur d'un principe (Dall., 50, 2, 41).

117. Comme toutes conventions, la police d'assurance est sou-mise à un droit d'enregistrement. La loi du 22 frimaire an VII, art. 69, § 2, assujettit les polices d'assurances maritimes à un droit proportionnel de 0 fr. 50 c. par 100 francs, perçus sur le montant des primes. On soutient que les assurances terrestres étant à peu près inusitées lors de cette loi, il n'y avait pas raison d'étendre par analogie au contrat nouveau des dispositions fiscales établies pour un contrat analogue. Et on prétendit que les polices de cette assurance n'étaient soumises qu'au droit fixe de un franc, applicable à tous actes non dénommés dans cette loi, et qui ne peuvent donner naissance au droit proportionnel.

Mais une décision ministérielle du 9 mai 1821, soumet les assurances terrestres au même droit proportionnel que les assurances maritimes.

L'article 5 de la loi du 16 juin 1824 a modifié cet état de choses. « Les polices d'assurances maritimes ne seront assujetties qu'au

droit fixe de un franc pour enregistrement. Le paiement des droits proportionnels fixé par l'art. 51 de la loi du 28 avril 1816, sera perçu seulement quand il sera fait usage de ces actes en justice. »
Cette décision est forcément applicable aux assurances terrestres, puisqu'aux termes de l'arrêté ministériel, cité plus haut, on doit appliquer le même droit fiscal aux assurances maritimes et terrestres. Les polices sont soumises au timbre de dimension, art. 13, loi 13 brumaire an VII. Mais le droit et l'amende, en cas d'infraction, ne sont perçus que si les actes sont produits en justice.

118. Ce serait une superfétation que d'indiquer les mentions à insérer dans la police. Il suffit, d'une part, de lire l'article 332 applicable aux assurances maritimes et aux assurances terrestres, dans les dispositions qui sont en harmonie avec le caractère de ces dernières ; d'autre part, nous avons expliqué les obligations de toutes les parties ; c'en est assez sur ce point.

Les changements survenus dans les objets assurés, augmentation ou diminution de valeurs et de risques, ventes, changements de domicile, sont constatés par un acte appelé *avenant* (ce terme *avenant* vient du mot *advenant*, venant après), inscrit à la suite de la police, ou le plus souvent fait par un acte séparé qui reste annexé à la police primitive. L'avenant est signé par les deux parties et rédigé en double original.

Nota. Les assureurs contre l'incendie ont adopté l'usage de plaques indicatives de l'assurance. Elles ont, dit-on, pour but de stimuler le zèle des pompiers, qui peuvent espérer une récompense de la Compagnie, s'ils ont fait preuve d'éclatant dévouement. Elles peuvent aussi prévenir des vengeances privées.

CHAPITRE V.

ANNULATION, RÉSOLUTION, EXTINCTION DU CONTRAT D'ASSURANCES TERRESTRES.

119. Les diverses causes d'annulation du contrat d'assurances sont déjà connues. Nous les avons successivement indiquées et expliquées en parlant des conditions essentielles à ce contrat, do la capacité des parties; des vices du consentement, de l'objet ou de la cause. Indiquer ces conditions, c'est dire les causes do nullité, et nous ne pourrions, sans nous exposer à des redites, y revenir ici. Nous devons ajouter qu'il y aura annulation du contrat si la chose assurée périt par un accident autre que celui qui a été prévu.

Il y a lieu à la résolution, dit M. Dalloz, n° 276, lorsque le contrat étant valable dans son origine, il y a eu pour le faire annuler, une cause postérieure ; comme dans toute convention synallagmatique, la condition résolutoire est toujours sous-entendue pour le cas où l'une des deux parties ne satisferait pas à son engagement. Quand les polices contiennent la stipulation d'une résiliation de plein droit, comme cela se fait pour le non paiement des primes, la résiliation doit aussi être prononcée par les tribunaux, mais elle est encourue irrévocablement du jour de la mise en demeure. En cette matière, comme en tout autre, il est bon do faire remarquer que la partie qui a manqué à son obligation n'est pas recevable à se prévaloir de sa faute ou de son fait pour demander la résiliation à son profit (Paris, 25 août 1822; Dall., n° 278).

Enfin, la faillite de l'assureur ou de l'assuré entraîne la résolution dé l'assurance terrestre. On applique par identité de motifs les dispositions de l'art. 546 Cod. comm., relatives à l'assurance maritime. Bien que la rédaction de cet article semble donner à la

partie qui a traité avec l'individu tombé depuis en faillite le droit
de demander, à son choix, la résiliation ou une caution, on reconnaît généralement que ce n'est qu'à défaut d'obtenir caution qu'on
peut faire résoudre le contrat (Dall., n° 285; Paris, 10 mars
1825; Grün et Joliat, 550 et 552). Les diverses questions qui
peuvent encore se soulever et amener la résiliation de l'assurance
ont été examinées sous les divers chapitres qui précèdent. La
police prend fin par l'expiration du temps pour lequel elle a été
souscrite.

CHAPITRE VI.

COMPÉTENCE, PROCÉDURE, PRESCRIPTION.

120. La qualité des Compagnies d'assurance à prime ne fait
plus de doute, ainsi que nous l'avons dit plus haut. Elles sont
considérées comme des sociétés commerciales. Mais, si le contrat
qu'elles souscrivent peut à leur égard être considéré comme un
acte de commerce, il serait impossible d'attribuer cette qualification à l'obligation de l'assuré résultant de la même convention.
Ce dernier devra donc être traduit devant les tribunaux civils.
Mais la Compagnie d'assurance devra-t-elle être traduite devant
la même juridiction ?

On pourrait assigner la Compagnie devant les magistrats consulaires, mais rien n'empêche de la traduire devant les tribunaux
civils. L'article 631 Cod. comm., sainement interprété, autorise
cette solution.

« En effet, aux termes de l'art. 631 Cod. comm., les tribunaux de commerce doivent connaître : 1° de toutes les contestations entre négociants; 2° entre toutes personnes, des contestations relatives aux actes de commerce; qu'il faut donc, pour que
la juridiction de ces tribunaux soit nécessaire et forcée, que
toutes les parties soient commerçantes ou qu'elles aient fait un

acte de commerce réputé tel par la loi à l'égard de toutes; mais lorsque, comme dans l'espèce, l'un des contractants n'est pas commerçant et qu'il n'a pas fait un acte de commerce, il ne peut être contraint, alors qu'il se porte demandeur, à renoncer à la juridiction civile, qui est la juridiction ordinaire de toutes les parties pour aller se soumettre à une juridiction d'exception devant laquelle il ne pouvait pas être traduit ; qu'il peut à son gré citer le commerçant soit devant le tribunal civil, soit devant le tribunal de commerce ;..... qu'en vain on oppose que, lorsque la demande est formée contre le commerçant, c'est nécessairement un acte de commerce dont on poursuit l'exécution, ce qui rend nécessaire la juridiction commerciale :

» Mais que c'est là diviser ce qui ne doit faire qu'un dans l'esprit des contractants.

» Que, si le contrat renferme, en effet, pour chacun des obligations d'une nature distincte, ces obligations sont corrélatives, intimément liées les unes aux autres, ne formant qu'une seule et même convention dont le demandeur peut poursuivre l'exécution pour le tout devant sa juridiction » (Dall., 47, 2, 150).

En conséquence, il est reconnu par tous que la juridiction civile est compétente pour juger des difficultés qui s'élèvent entre assureur et assuré (Voy. cep. Alauzet, n° 527). Mais les parties peuvent soumettre leurs différends à des arbitres.

121. A cet égard, l'usage général dans l'ancienne jurisprudence était de soumettre par la police même toutes les contestations à naître à un jugement arbitral. Et ce qui prouve combien la coutume avait étendu cette faculté, autorisée d'ailleurs par l'ordonnance de 1681, c'est que Valin discutait la question de savoir si l'omission de la promesse de compromettre (*de la clause compromissoire*), emportait ou non la nullité de contrat.

Peut-on insérer dans une police d'assurance terrestre cette clause compromissoire? La validité d'une pareille disposition insérée dans les contrats ordinaires a été contestée et déniée par la jurisprudence. On l'a jugée contraire à l'ordre public, à la nature du compromis, au but de l'arbitrage lui-même qui est de trancher par des voies amiables une difficulté née et actuelle ; et comme elle paraît contraire au texte de l'art. 1006, C. pr. civ., elle a été condamnée par la doctrine et par la Cour de Cassation (Massé, t. 4, n° 116; Marcadé, *Rev. crit.*, t. 1, p. 69. — *Contra* Chauveau, *Quest.* 5274; Dall. 454; Bellot, t. 2, p. 47. — Voy. Sir. 45, 1, 568 ; 50, 1, 585). Ce n'est pas le lieu d'examiner cette question maintes fois discutée et qui nous entraînerait à de longs développements. Qu'il nous suffise de dire que la jurisprudence paraît établie, et qu'elle trouve un nouvel appui dans le rapport de la loi de 1856, relatif à la suppression de l'arbitrage forcé. « A notre sens, dit le rapporteur, la juridiction arbitrale n'est bonne qu'alors qu'elle est véritablement amiable et volontaire, alors que les parties choisissent librement leurs juges et sans contrainte, *pour un litige né et actuel.* »

La jurisprudence a souvent examiné cette question à l'occasion des assurances terrestres. Dans ce cas spécial, a-t-elle avec raison persisté dans la même solution, et n'y avait-il pas des motifs particuliers de valider la clause compromissoire? L'usage en matière d'assurances maritimes était de soumettre les difficultés à un jugement arbitral. Mais c'était là un point en dehors de la nature du contrat et qui devait y être précisé pour produire effet. L'art. 352 déclare donc que la police devra contenir la soumission des difficultés à des arbitres, si telle est la volonté des parties. C'est donc reconnaître en cette matière la validité de la clause compromissoire ; or, on peut dire avec M. Molinier (*Rev. crit.*, t. 2, p. 240): « En l'absence de toutes dispositions spéciales sur les assurances relatives aux immeubles, on applique par analogie à ces opérations les règles du titre 10 du livre 2 du Cod. de comm. pour toutes les dispositions qui ne se rattachent pas essentiellement au commerce maritime (Alauzet exprime la même opinion, t. 2, p. 207, n° 200) C'était même la pensée des législateurs qui ne crurent pas devoir s'occuper spécialement des assurances terrestres. Dès lors, raisonnant par analogie, ce qui est toujours un argument puissant en matière commerciale, M. Molinier se prononce pour la validité de la clause compromissoire et spéciale-ment dans le cas qui nous occupe. » Cette analogie a d'autant plus de force dans son argumentation, qu'elle vient à l'appui, dans le cas spécial des assurances, de la validité de la clause compromissoire qu'il soutient en principe dans l'article indiqué et qu'il défend avec beaucoup de logique et de fermeté. Nous pensons donc pour cette raison, qu'alors même qu'on n'admettrait pas en principe la validité de cette clause, il faudrait lui reconnaître tous ses effets en matière d'assurances terrestres aussi bien que maritimes, l'art. 552 étant applicable aux uns et aux autres. Mais hâtons-nous d'ajouter que la jurisprudence a persisté dans sa décision (Dall. 60, 1, 243).

122. Quant à la compétence territoriale, on suit les règles ordinaires. Quelques Compagnies avaient élevé la prétention de ne pouvoir être assignées qu'à leur siège à Paris et dans la personne du directeur général. Mais cette prétention a été plusieurs fois repoussée, et il a été plusieurs fois jugé que : Les agents principaux des Compagnies d'assurance ont pu, lorsqu'ils sont investis de pouvoirs qui leur permettent de traiter avec des assurés, comme la Compagnie aurait pu le faire elle-même, être revêtus de la capacité d'ester en justice au nom de leur Compagnie. Par suite, la citation donnée par un assuré à la Compagnie, en la personne, au domicile de son agent et dans les délais ordinaires, a pu, par appréciation des pouvoirs de cet agent, être réputée valable à l'encontre de la Compagnie (Dall. 45, 1, 562).

123. Pour la prescription, le Code civil fournit tous les principes de décision ; l'art. 432, Cod. de comm. qui établit une prescription, ne peut comme toute disposition de droit étroit, être étendu par analogie. La créance de l'assuré ne sera donc prescrite que conformément au droit civil (2257 et 2262). La créance de l'assureur serait soumise à la même prescription, si elle avait été stipulée payable en un seul terme. Si la prime est payable par année ou à des termes plus courts, l'art. 2277 sera applicable.

Au demeurant, les polices fixent en général des termes spéciaux et dérogatoires du droit commun, pour ces diverses prescriptions. La jurisprudence se prononce en faveur de la validité de ces clauses (Dall. 52, 2, 67 ; 55, 1, 77).

Les cotisations des assurés par Sociétés mutuelles se composant d'une partie fixe qui représente les frais d'administration, et d'une autre, qui constitue la contribution à la réparation des sinistres, la prescription de l'art. 2277 ne s'appliquera qu'à la portion fixe, et l'autre restera soumise à la prescription trente-naire, sauf conditions contraires résultant des statuts.

POSITIONS.

DROIT-ROMAIN.

I. L'*infans* est le mineur de sept ans.

II. Avant Justinien, il n'était pas nécessaire qu'un soldat fût *in expeditione* pour pouvoir tester selon la forme réservée aux militaires.

III. La propriété, même avant Justinien, n'était pas retransférée *ipso jure* au vendeur ou au donateur par l'accomplissement de la condition résolutoire.

IV. Le pacte, joint *ex continenti* à une stipulation, peut augmenter l'obligation.

ANCIEN DROIT FRANÇAIS.

I. L'effet déclaratif du partage repose sur la saisine *in solidum* des héritiers.

II. La communauté entre époux est une conséquence de la mainbournie.

CODE NAPOLÉON.

I. L'étranger légalement divorcé dans son pays, peut se remarier en France avec une Française.

II. Les enfants nés d'un commerce incestueux entre personnes ne pouvant contracter mariage ensemble qu'avec l'autorisation du chef de l'Etat, ne sont pas légitimés par le mariage ultérieur de leur père et mère.

III. La condition de viduité mise à un legs fait par un époux à son conjoint survivant ne doit pas être réputée non écrite.

IV. La vérification de l'écriture d'un testament olographe incombe à l'héritier non réservataire qui la dénie, et non au légataire universel envoyé, en vertu de son legs, en possession provisoire.

V. La nullité de la vente de la chose d'autrui est purement relative.

VI. La femme, sur la tête de laquelle on a saisi un immeuble dotal, n'est pas recevable, après l'adjudication, à revendiquer cet immeuble contre l'adjudicataire.

VII. En cas de faillite du locataire, l'indemnité due par l'assureur du risque locatif n'entre pas dans la masse active de la faillite. Le propriétaire a sur elle un droit privatif.

VIII. La transaction peut être prouvée par témoins, quand il existe un commencement de preuve par écrit.

CODE DE PROCÉDURE CIVILE.

I. L'omission de statuer est un moyen de requête civile et non de cassation.

II. En matière d'arbitrage volontaire, la clause compromissoire est nulle, à défaut de désignation du nom des arbitres et de l'objet du litige.

III. Le tiers détenteur sommé de payer ou de délaisser, n'est pas déchu de la faculté de purger, quoiqu'il n'ait pas exercé cette faculté dans le délai d'un mois, prescrit par l'article 2183, si le commandement fait au débiteur originaire est tombé en péremption, faute d'avoir été suivi d'une saisie dans les 90 jours de sa date.

DROIT CRIMINEL.

I. Dans le jugement d'une prévention d'adultère, l'exception tirée de la nullité du mariage est préjudicielle, sans qu'il y ait à distinguer si cette nullité est de plein droit ou seulement relative.

II. Dans le cas où l'admission des circonstances atténuantes concourt avec la déclaration de l'état de récidive, le juge doit, d'abord, rechercher quelle peine emporte le fait, aggravé par l'état de récidive, et faire subir ensuite à la peine ainsi déterminée, les modifications autorisées par l'article 463.

III. L'article 15 de la loi du 17 mai 1819, ne punit pas la diffamation envers les morts.

DROIT COMMERCIAL.

I. Les actes faits par un commerçant pour son commerce, qui ne sont point des actes de commerce, aux termes de l'article 632 du Code de commerce, ne soumettent pas celui qui les a faits à la juridiction commerciale.

II. En cas de faillite du tiré, la provision appartient au porteur.

DROIT ADMINISTRATIF.

I. Le vendeur d'une propriété, dont une parcelle à rétrocéder, conformément aux dispositions de l'article 60 et 61 de la loi du

5 mai 1841, a été détachée, ne conserve pas son droit à la rétrocession. Ce droit passe aux mains de l'acquéreur.

II. L'article 4 de la loi du 28 pluviôse an VIII, qui attribue à la juridiction administrative la connaissance des torts et dommages procédant, soit du fait des entrepreneurs, soit du fait de l'administration dans l'exécution des travaux publics, ne s'applique pas aux actions qui ont pour objet la réparation de blessures ou accidents arrivés aux personnes.

DROIT INTERNATIONAL

I. L'extradition est-elle une institution émanant du droit naturel ou du droit international conventionnel ?

II. Les tribunaux sont-ils compétents pour examiner si l'extradition a été régulièrement accordée ?

Vu par le président de la thèse,
V. MOLINIER.

Vu par le Doyen,
CHAUVEAU ADOLPHE.

Vu et permis d'imprimer :
Le Recteur,
ROUSTAN.
Toulouse, le 10 mars 1868.

« Les visas exigés par les règlements sont une garantie des
» principes et des opinions relatifs à la religion, à l'ordre public
» et aux bonnes mœurs (statuts du 9 avril 1825, art. 11), mais
» non des opinions purement juridiques dont la responsabilité est
» laissée aux candidats.

» Le candidat répondra en outre aux questions qui lui seront
» faites sur les autres matières de l'enseignement. »

TABLE DES MATIÈRES.

Toulouse. — Typographie de Bonnal et Gibrac, rue St-Rome, 44.

www.ingramcontent.com/pod-product-compliance
Ingram Content Group UK Ltd.
Pitfield, Milton Keynes, MK11 3LW, UK
UKHW022345090726
13658UKWH00001B/473